Gerhard Schwengler

Klett
Sicher in Deutsch

Grammatik 5./6. Klasse

Alles zum Thema Grammatik

Klett Lerntraining

Gerhard Schwengler war Lehrer für Deutsch und Latein, Fachbetreuer Deutsch, Seminarlehrer für pädagogische Psychologie, Referent in der Lehrerfortbildung und ist Autor zahlreicher Lernhilfen und Lehr- und Arbeitsbücher.

Hinweis:
Zu diesem Buch gehören Online-Tests unter
www.klasse5bis10.klett-lerntraining.de.
Der Zugang zu den Online-Abschlusstests ist bis drei Jahre nach Ersterscheinen des Buches gewährleistet.

Diese Werk basiert auf 978-3-12-927407-1.

Bibliografische Information der Deutschen Nationalbibliothek
Die Deutsche Nationalbibliothek verzeichnet diese Publikation in der Deutschen Nationalbibliografie; detaillierte bibliografische Daten sind im Internet über http://dnb.dnb.de abrufbar.

4. Auflage 2025

www.klett-lerntraining.de
Austausch bzw. Überarbeitung folgender Inhalte durch Klett Lerntraining: S. 9, A2; S. 16, A8; S.20 Kasten; S. 21, A1, A2; S. 29, A10; S. 51, A3; S. 57, A10; S. 58/59 Kasten; S. 66 Kästen; S. 70 Kasten; S. 79, A6; S. 85, A3; S. 90, A1; S. 101, A3; S. 103, A7; S. 104 Beispielsätze Kasten; S. 108, A13; S. 116, A6; S. 128/129 Kasten; S. 138/139 Kasten; S. 140, A5, A6; S. 141, A8; S. 144, A12, A13
Cover: Rücken Shutterstock (Sazhnieva Oksana), New York; U1/U4 Getty Images (pixdeluxe), München
Satz: DTP-Studio Andrea Eckhardt, Göppingen
Druck: Plump Druck & Medien GmbH, Rheinbreitbach
Printed in Germany
ISBN 978-3-12-927613-6

Inhaltsverzeichnis

4 Verben

5 Adverbien

6 Präpositionen

7 Konjunktionen

9 Prädikat und Subjekt

9 Objekte

10 Adverbialbestimmung und Attribut

11 Hauptsätze

12 Nebensätze

So übst du mit diesem Buch

Liebe Schülerin, lieber Schüler,

du möchtest sicher in der deutschen Grammatik werden?
Dann ist „Sicher in Deutsch Grammatik 5./6. Klasse“ genau das richtige Übungsbuch für dich! Es hilft dir dabei, alle **wichtigen Themen** der deutschen Grammatik zu wiederholen und zu üben. Gehe so vor:

Schritt 1

Suche aus dem Inhaltsverzeichnis das **Thema heraus**, das du wiederholen möchtest.

Schritt 2

Lies das **Merkwissen** im Kasten **durch**. Dort steht alles, was du zu diesem Thema wissen und können solltest.

Schritt 3

Jetzt kannst du mit den vielen unterschiedlichen **Aufgaben üben**. Einige Aufgaben lassen sich aus Platzgründen nicht im Buch lösen – lege dir dafür Papier bereit.

Schritt 4

Vergleiche deine Antworten mit den **Lösungen** hinten im Buch.

Schritt 5

Wenn du ein Kapitel abgeschlossen hast, kannst du dich mit dem **Abschlusstest online testen**. Die Ergebnisse aus dem Test kannst du in die Tabelle am Kapitelende übertragen. So behältst du immer den Überblick.

So funktioniert der Abschlusstest online

Gehe auf www.klett-lerntraining.de/8T5T.

Du erhältst eine Übersicht über alle Kapitel und darunter alle verfügbaren Abschlusstests.
Wähle einen passenden Test aus und bearbeite die Aufgaben.

Du kannst alle Online-Tests mit und ohne Anmeldung nutzen.
Bitte beachte: Wenn du dich nicht anmeldest, kann dein Lernstand in den Tests **nicht gespeichert** werden.

Eine Anmeldung ist nur möglich, wenn du dich vorher bei uns registriert hast. Dafür musst du dir einen Benutzernamen und ein Passwort ausdenken und deine E-Mail-Adresse angeben. Dann erhältst du einen Aktivierungslink per E-Mail.

Informationen zu Registrierung und Anmeldung findest du immer unter „**Hilfe**" in unserem Lernportal www.klasse5bis10.klett-lerntraining.de.

Viel Erfolg wünschen dir die Autoren und das Team von Klett-Lerntraining

1 Artikel und Nomen (Substantive)

1.1 Was ist ein Nomen und ein Artikel?

Das **Nomen** (Substantiv) bezeichnet Lebewesen und Gegenstände, die es in der Wirklichkeit gibt und die du wahrnehmen kannst. Man nennt solch ein Wort ein **Konkretum** (**Gegenstandswort**). Das Nomen kann aber auch etwas bezeichnen, das du dir nur im Geist vorstellen kannst und das nur als Begriff vorhanden ist; solch ein Nomen nennt man ein **Abstraktum** (**Begriffswort**).

› Frau, Baum, Katze, Geschenk = Konkretum
Jahr, Idee = Abstraktum

Nomen schreibst du **immer groß**. Du erkennst sie an ihrem Begleiter (z. B. einem Artikel). Der **Artikel** kommt nur zusammen mit dem Nomen vor.
Wir unterscheiden zwischen dem **bestimmten** und dem **unbestimmten Artikel**.

Bestimmter Artikel: **der** Baum, **die** Laterne, **das** Haus
Unbestimmter Artikel: **ein** Baum, **eine** Laterne, **ein** Haus

Im Text verändert sich die Form des Nomens und des Artikels. Das nennt man **Deklinieren**. Die Formen des Artikels und des Nomens stimmen überein. Jede deklinierte Form ist durch **drei Merkmale** bestimmt.

1. Das **Genus** gibt das grammatische Geschlecht des Nomens an.
2. Der **Numerus** sagt aus, ob etwas ein- oder mehrmals vorhanden ist.
3. Der **Kasus** kennzeichnet die Rolle des Nomens im Satz.

Beispiel: Die Kinder bringen der Oma Blumen.

	Genus	Numerus	Kasus	Rolle im Satz
die Kinder	Neutrum	Plural	Nominativ	Subjekt
der Oma	Femininum	Singular	Dativ	Objekt
Blumen	Femininum	Plural	Akkusativ	Objekt

1.2 Genus

Jedes Nomen besitzt ein bestimmtes **Genus.** Es gibt drei Genera: **Maskulinum, Femininum und Neutrum.** Das Genus eines Nomens erkennst du am Artikel.

› **der** Baum **(Maskulinum)**, **die** Laterne **(Femininum)**, **das** Haus **(Neutrum)**

Man nennt das Genus auch **grammatisches Geschlecht,** weil es mit dem natürlichen Geschlecht von Lebewesen oft nicht übereinstimmt.

	Genus	natürliches Geschlecht
die Mannschaft	Femininum	–
das Männchen	Neutrum	männlich

Aufgabe 1

Ergänze den bestimmten und den unbestimmten Artikel.

1. der / ein Fernseher
2. ______ / ______ Tier
3. ______ / ______ Tisch
4. ______ / ______ Kerze
5. ______ / ______ Bleistift
6. ______ / ______ Vogelnest
7. ______ / ______ Blumenvase
8. ______ / ______ T-Shirt
9. ______ / ______ Computer
10. ______ / ______ Bastelschere

Aufgabe 2

Unterstreiche alle Nomen und schreibe sie mit dem bestimmten Artikel auf.

Lina hat mit ihrem Opa ein Baumhaus im Garten gebaut. Sie sitzt fast jeden Tag dort oben auf dem Baum und macht ihre Hausaufgaben. Sie genießt die Ruhe, lauscht dem Vogelgesang und versucht die Vogelart zu erraten. Außerdem stört sie ihr kleiner Bruder nicht mehr, da er sich nicht traut, die steile Holzleiter hinaufzuklettern. Nicht so gut ist jedoch, dass es dort oben keinen Kühlschrank oder Herd gibt. So muss Lina leider ihr Versteck verlassen, wenn sie Hunger oder Durst hat.

1.3 Numerus

Es gibt zwei **Numerusformen**: **Singular** (Einzahl) und **Plural** (Mehrzahl).

Die Singular- und Pluralformen

Die Singularform ist die Grundform, während der Plural meist Endungen anfügt. Manche Nomen verändern im Plural zusätzlich die Stammsilbe durch einen Umlaut.

› **Singular**: die Klasse, das Land
Plural: die Klassen, die Länder

Einige Nomen mit unterschiedlicher Bedeutung, die im Singular gleich lauten, haben verschiedene Pluralformen. Meist findest du die richtige Form, wenn du sie dir zusammen mit dem Satz laut vorsprichst.

› **Singular**: Leiter
Plural: die Leiter (= Vorgesetzte, Anführer)
die Leitern (= Geräte zum Hinaufsteigen)

Einige Nomen kommen wegen ihrer Bedeutung nur im Singular oder nur im Plural vor.

Nur im Singular: das Obst (ein Abstraktum, das mehrere Konkreta wie Ananas, Apfel, Aprikose … zusammenfasst)
das Fieber

Nur im Plural: die Ferien (Glücklicherweise bestehen die Ferien immer aus mehreren freien Tagen!)
die Leute, die Geschwister

Achtung: Der unbestimmte Artikel hat keine Pluralformen.

Aufgabe 3

Bilde zu den Singularformen die Pluralformen. Ordne sie nach ihren Pluralendungen ein.

Kopf – Schädel – Zahn – Hals – Finger – Haar – Faust – Bauch – Mund – Schulterblatt – Fingernagel – Knie – Arm – Brust – Knöchel – Hand – Schenkel – Magen – Bein – Nabel – Fuß

Umlaut und Endung **-er**: ______________________________

Umlaut und Endung **-e**: ______________________________

Umlaut und keine Endung: ______________________________

kein Umlaut und Endung **-e**: ______________________________

kein Umlaut und keine Endung: ______________________________

Aufgabe 4

Finde die richtigen Pluralformen der angegebenen Nomen. Schreibe sie neben den passenden Begriff.

Mutter – Strauß – Bank – Wort – Band

1. Verwandte: ______________ Schraubenteil: ______________
2. Vogel: ______________ Blumengebinde: ______________
3. Geldunternehmen: ______________ Möbel: ______________
4. Ausspruch: ______________ Bestandteil der Sprache: ______________
5. Fessel: ______________ Buch: ______________

1.4 Kasus

Der Kasus gibt die Rolle des Nomens im Satz an.
Du erkennst, in welchem Kasus ein Wort steht, wenn du bestimmte Fragen an den Satz stellst.

1. Nominativ: **Wer** oder **was** ...?
2. Genitiv: **Wessen** ...?
3. Dativ: **Wem** ...?
4. Akkusativ: **Wen** oder **was** ...?

Charlotte bringt **den Freunden** **Geschenke** mit.

Charlotte ↓	den Freunden ↓	Geschenke ↓
Nominativ (Subjekt)	Dativ (Objekt)	Akkusativ (Objekt)

Kasusformen

Die Veränderung des Kasus nennt man **Deklination**. Nomen, die in gleicher Weise dekliniert werden, fasst man in Deklinationsklassen zusammen. Es gibt drei Deklinationsklassen.

1. **Die starke Deklination**
   Die Pluralformen fügen entweder die Endungen **-e**, **-er**, **-s** oder **gar keine** Endung an. Viele Nomen verändern außerdem die Stammsilbe. Die „starken" Nomen erkennst du vor allem an folgenden Endungen:

   Genitiv Singular: -(e)s
   Dativ Plural: -n

	Singular	Plural
Nominativ	der Kopf	die **Köpfe**
Genitiv	des Kopf**es**	der **Köpfe**
Dativ	dem Kopf	den **Köpfen**
Akkusativ	den Kopf	die **Köpfe**

2. **Die schwache Deklination**
   Alle Pluralformen enden auf **-(e)n.**

	Singular	Plural
Nominativ	der Mensch	die Menschen
Genitiv	des Menschen	der Menschen
Dativ	dem Menschen	den Menschen
Akkusativ	den Menschen	die Menschen

3. **Die gemischte Deklination**
   Der Singular hat die Formen der starken Deklination, der Plural die Formen der schwachen Deklination.

	Singular	Plural
Nominativ	das Auge	die Augen
Genitiv	des Auges	der Augen
Dativ	dem Auge	den Augen
Akkusativ	das Auge	die Augen

Aufgabe 5

Bilde die angegebenen Formen. Schreibe sie zusammen mit dem Artikel auf.

1. Rucksack → Genitiv Singular: *des* ________ ____________________
2. Amsel → Dativ Plural: ________ ____________________
3. Faulpelz → Akkusativ Singular: ________ ____________________
4. Raum → Akkusativ Plural: ________ ____________________
5. Fluss → Genitiv Plural: ________ ____________________
6. Sportskanone → Nominativ Plural: ________ ____________________
7. Gartenzwerg → Dativ Singular: ________ ____________________

Aufgabe 6

Trage in die Klammer den richtigen Kasus ein.
Verwende folgende Abkürzungen:
N (= Nominativ)
G (= Genitiv)
D (= Dativ)
A (= Akkusativ)

Die Schrift der Chinesen

Zu Beginn dienten **den Chinesen** (D) dienten nur drei Schnüre als Schreibmaterial.
Sie verknüpften diese in vorgeschriebener Weise und bezeichneten z.B. mit einem Knoten **den Wind** (___) und mit zwei Knoten **den Donner** (___).
Den Anfang (___) der Schrift vermutet man ungefähr im Jahr 2600 v. Chr.
Die chinesischen Kaiser haben durch Gesetze **den Schriftzeichen** (___) eine bestimmte Form vorgeschrieben. **Einem Schreiber** (___), der die Schrift absichtlich verunstaltet hat, drohten strenge Strafen.
Den Entwicklungsstand (___) der Schrift kann man gut am verwendeten Schreibzeug erkennen: Nach den Schnüren benutzte man das Schilfrohr, dann **einen Bund** (___) aus Pflanzen und schließlich **den Pinsel** (___), mit dem man heute noch **dem Papier** (___) die seltsamen Zeichen „aufmalt". Auch **die Tusche** (___) ist eine Erfindung **der Chinesen** (___). Kaum **einem Volk** (___) ist die Schrift wichtiger gewesen als **den Chinesen** (___).

Aufgabe 7

Schreibe in die Klammer, welchen Kasus und Numerus das jeweilige Nomen hat. Verwende folgende Abkürzungen:
N (= Nominativ)
G (= Genitiv)
D (= Dativ)
A (= Akkusativ)
S (= Singular)
Pl (= Plural)

In der Wüste Afrikas liegen **viele Geheimnisse** (*N, Pl*) verborgen. Sie zu erforschen, haben Archäologen **keine Mühen** (______) und **Anstrengungen** (______) gescheut.

Die ersten Erzählungen (______) haben **die alten Griechen** (______) überliefert. Sie hatten bereits vor langer Zeit **ägyptische Städte** (______) besucht, die heute vom Erdboden verschwunden sind. **Mächtige Königreiche** (______) mit unvorstellbarem Reichtum wurden von fremden Völkern erobert. Und als **die Handelswege** (______) zerstört waren, blieb **der Bevölkerung** (______) nichts anderes übrig, als zu fliehen. Die Häuser **der Reichen** (______) zerfielen, **die Gebäude** (______) und **Tempel** (______) wurden ein Opfer **der Hitze** (______) und des Windes.

Es mussten erst **Jahre** (______) vergehen, bis die Archäologen mit Schaufel und Spaten **Sand** (______) und **Geröll** (______) von den versunkenen Städten beseitigten und so **staunenden Menschen** (______) **die Pracht** (______) **vergangener Zeiten** (______) zeigen konnten.

Aufgabe 8

Setze die angegebenen Wörter je zweimal in den folgenden Text ein. Achte auf den richtigen Kasus und verändere die Form der Wörter, wenn es nötig ist.

Die Sprache der Bienen

~~ein Wissenschaftler~~ – die Schriftzeichen – die Bienen – die Sonne – die Geschwindigkeit – der Bienensprache

Auch die „Sprache" der Bienen hat *ein Wissenschaftler* erforscht. Es ist *dem Wissenschaftler* gelungen, sie zumindest teilweise zu entziffern.

__________ der Bienen bestehen nämlich aus bestimmten Körperbewegungen.

Mithilfe __________ verständigen sie sich untereinander.

Der Wissenschaftler hat dabei herausgefunden, dass __________ bestimmte Tanzbewegungen vollführen. Damit geben sie __________ daheim im Bienenstock wichtige Informationen.

Die Bienen bezeichnen z. B. den Stand __________ durch die Richtung ihrer Bewegungen. So ist __________ für alle Bienen ein wichtiger Orientierungspunkt.

Auch __________ der Tänze ist wichtig. Denn __________ entnehmen die anderen Bienen Informationen darüber, wie reich der Tisch auf der grünen Wiese für sie gedeckt ist. Die Wörter __________ sind lautlos und sehen wie lustige Tänze aus. Wenn du den Bienen genau zuschaust, kannst du vielleicht auch einmal __________ verstehen.

Aufgabe 9

Bestimme in folgenden Sätzen den Kasus (Nominativ, Genitiv, Akkusativ, Dativ) und Numerus (Singular oder Plural) der gleich lautenden Formen des Artikels und Nomens.

Vor dem Beginn der Schrift

Die ältesten Schriftzeichen (______________) Europas hat man in Frankreich gefunden. **Die ältesten Schriftzeichen** (______________) sind kleine Zeichnungen auf Holzstäben, mit denen sich die Menschen damals verständigten. Damit haben sich die Menschen schon vor Jahrtausenden bestimmte Ereignisse **der Natur** (______________) gemerkt. Man zeichnete auf, was man **der Natur** (______________) abgelauscht hatte. **Den Menschen** (______________) damals bedeuteten diese kleinen Bildzeichen alles, genauso wie **den Menschen** (______________) von heute Kino, Fernsehen und Internet interessieren. Auf einem Stab findet man z. B. **den Bullen und die Kuh** (______________) als Zeichen für den Frühjahrsbeginn eingeritzt.
Den Bullen und den Kühen (______________), die die ersten Haustiere waren, wurde zu dieser Zeit eine große Bedeutung beigemessen. So zeigte man **den Kindern** (______________) die Geheimnisse der Jagd. Und diese Bilder lehrten **die Kinder** (______________), wenn sie das erste Mal auf Jagd gingen, das Lebensnotwendige. Diese „Merkzettel“ unterrichteten in der nächsten Generation dann wieder **die Nachkommen** (______________). Und **die Nachkommen** (______________) gaben ihr Wissen dann mit den Bildstäben wieder ihren Kindern weiter.

Aufgabe 10

Bestimme die Formen, indem du hinter dem Nomen den Kasus und Numerus angibst.

N (= Nominativ)	**G (= Genitiv)**
D (= Dativ)	**A (= Akkusativ)**
S (= Singular)	**Pl (= Plural)**

Heinrich Schliemann

Heinrich Schliemann, der sich als Entdecker Trojas feiern ließ, hatte kaum die Ausgrabung (______) der Stadt (______) Troja beendet, als seine Begeisterung (______) ihn weiter antrieb, versunkene Städte zu entdecken. Er nahm die Erzählungen (______) der griechischen Dichter wie glaubwürdige Nachrichten (______) der alten Zeiten (______).

So führte ihn die Sage (______) vom sagenhaften König Agamemnon nach Mykene. Dort brachte er seltene Kostbarkeiten (______) wieder ans Tageslicht, unter ihnen die goldene Maske (______) eines Königs.

Seine Entdeckungen (______) bewegten damals die Welt (______) und bis heute hat die Wirkung (______) der wieder entdeckten Vergangenheit (______) nicht nachgelassen.

Abschlusstest online 1

Super! Du hast das **Kapitel 1 – Artikel und Nomen** durchgearbeitet. Dabei hast du gelernt, dass Nomen und Artikel durch die drei Merkmale Geschlecht, Anzahl und Fall (Genus, Numerus und Kasus) bestimmt werden und darin übereinstimmen.

So funktioniert der Abschlusstest online:
Um deinen Lernerfolg zu überprüfen, kannst du nun die Tests online machen. Gehe auf
www.klasse5bis10.klett-lerntraining.de/8T5T
und registriere dich wie vorne im Buch beschrieben.

Welche Tests es gibt, siehst du unten in der Tabelle. Nach jedem Test bekommst du eine Auswertung.

Willst du immer im Blick haben, welche Themen du schon kannst oder was du besser nochmal wiederholen solltest? Dann notiere deine Ergebnisse aus den Abschlusstests in der Tabelle.

Mein Ergebnis im Abschlusstest – Kapitel 1

Thema	Mein Ergebnis
Nomen und Artikel	
Singular und Plural beim Nomen	
Deklination (Beugung) von Nomen	

2 Pronomen

2.1 Personalpronomen

Das Personalpronomen steht im Satz an **der Stelle eines Nomens**. Es weist auf Personen oder Sachen hin. Man unterscheidet beim Personalpronomen zwischen 1., 2. und 3. Person.

	Singular	**Plural**
1. Person	**ich** (= der Sprecher)	**wir** (= der Sprecher und andere)
2. Person	**du** (= der Hörer)	**ihr** (= der Hörer und andere)
3. Person	**er**, **sie**, **es** (= die Person oder Sache, über die gesprochen wird)	**sie** (= Personen oder Sachen, über die gesprochen wird)

Im Deutschen gibt es zwei Möglichkeiten der Anrede an einen oder mehrere Hörer: die vertraute Form „du/ihr" und die höfliche, distanzierte Form „Sie". Die Pronomen der höflichen Anrede werden immer großgeschrieben.

Formen der Personalpronomen

Singular	1. Pers.	2. Pers.	Anrede	3. Pers. Maskulinum	3. Pers. Femininum	3. Pers. Neutrum
Nominativ	ich	du	Sie	er	sie	es
Genitiv	meiner	deiner	Ihrer	seiner	ihrer	seiner
Dativ	mir	dir	Ihnen	ihm	ihr	ihm
Akkusativ	mich	dich	Sie	ihn	sie	es

Plural	1. Pers.	2. Pers.	Anrede	3. Person (alle drei Genera)
Nominativ	wir	ihr	Sie	sie
Genitiv	unser	euer	Ihrer	ihrer
Dativ	uns	euch	Ihnen	ihnen
Akkusativ	uns	euch	Sie	sie

Aufgabe 1

Gib an, auf wen das farbige Personalpronomen hinweist.

„**Ich** (*Mia*) habe morgen endlich meinen Auftritt in der Theateraufführung der Schule und **du** (____________) sollst mitkommen.", bittet Mia ihre Oma. **Sie** (____________) freut sich auf das tolle Kostüm, das ihre Mutter für **sie** (__________________) genäht hat. Gleich kommen Mias Freundinnen Jette und Lina vorbei. Auch **sie** (____________) spielen im Theaterstück und haben ihre Gewänder dabei.

„Wo ist denn dein Kostüm?", fragt Lina, nachdem **sie** (____________) Mia begrüßt hat. „Soll **ich** (____________) es **euch** (__________________) vorführen?", fragt Mia. „**Wir** (____________) sind schon ganz gespannt.", entgegnet Jette. Mia zeigt **ihnen** (____________) stolz ihr Kostüm. Jette und Lina sind begeistert. „Lasst **uns** (__________________) unsere Kostüme anziehen.", beschließen die Mädchen. Dann schlüpfen **sie** (__________________) in ihre Gewänder und laufen singend und tanzend ins Wohnzimmer.

Aufgabe 2

Ergänze jeweils das passende Personalpronomen.

Max hat heute einen aufregenden Tag. Er geht in eine neue Schule. (______) ist dreimal so groß wie die Grundschule, die (______) bis vor den Sommerferien noch besuchte. Ungefähr fünfhundert Schülerinnen und Schüler werden dort auf dem Schulhof um (______) herum sein. Zum Glück gehen (______) nicht alle mit (______) in eine Klasse. (______) könnte sich dann nicht mehr konzentrieren. Nun sind fünf Wochen vergangen, und (______) fühlt sich richtig wohl in der neuen Schule. „Am Anfang fiel (______) der Übergang wirklich schwer. Doch nun habe (______) viel Spaß und auch neue Freunde gefunden."

2.2 Reflexivpronomen

Das **Reflexivpronomen weist immer** auf das **Subjekt** des Satzes hin. Wenn du das Wörtchen „selbst" ergänzen kannst, handelt es sich um ein Reflexivpronomen.

Bezug zum Subjekt:	**Ich** helfe **mir** (selbst). **Wir** helfen **uns** (selbst). **Der Tüchtige** hilft **sich** (selbst). **Die Tüchtigen** helfen **sich** (selbst).
Kein Bezug zum Subjekt:	Wir helfen euch.

Für die 1. und 2. Person werden die entsprechenden Formen des Personalpronomens eingesetzt (Singular: mir, mich/dir, dich; Plural: uns/euch).

Das Reflexivpronomen der 3. Person heißt immer „sich" – im Singular und Plural, im Dativ und Akkusativ.

› **Die Forscher** bahnten **sich** einen Weg durch den Urwald.
Wem bahnten die Forscher einen Weg? also: Dativ
Sie schonten **sich** dabei nicht.
Wen schonten sie nicht? also: Akkusativ

Es gibt Verben, die sogenannten echten Reflexivverben, die unbedingt ein Reflexivpronomen bei sich brauchen. Sie sind sonst unvollständig. Du erkennst sie daran, dass sie kein Passiv bilden können.

echtes Reflexivverb:	Ich freue mich. (*nicht möglich:* ~~Ich werde gefreut.~~)

Aufgabe 3

Achte auf die richtige Form der Reflexivpronomen.

Bilde mithilfe der vorgegebenen Wörter sinnvolle Sätze.

1. sich verstehen – prima – Emil – wirklich – und Fabian.

   ____

2. sich vorbereiten – gut – Habt ihr?

   ____

3. sich irren – bestimmt – hast – Du.

4. sich verschlucken – Ich – der Milch – habe – an.

5. sich verlaufen – bestimmt – Ohne Navi – wir – werden.

6. sich erinnern – Kannst – du – nicht – daran?

7. sich beeilen – müssen – Wir.

8. sich verstecken – hat – Meine – mal wieder – Katze.

Aufgabe 4

Welche der folgenden Verben sind echte Reflexivverben? Kreuze sie an.

Tipp: Du erkennst sie daran, dass sie kein Passiv bilden können.

Auch das noch!

1. sich die Ohren waschen ☐
2. sich die Zähne putzen ☐
3. sich anziehen ☐
4. sich auf den Weg machen ☐
5. sich beeilen ☐
6. sich in der Schule anstrengen ☐
7. sich brav melden ☐
8. sich hinlegen ☐
9. sich in den Schlaf wiegen ☐
10. sich erheben ☐

2.3 Possessivpronomen

Das **Possessivpronomen** wird nur als Begleitwort des Nomens verwendet und stimmt mit ihm in **Numerus** und **Kasus** überein. Es drückt dabei die Zugehörigkeit einer Person oder Sache zu einer anderen aus.
Das Bezugswort bestimmt, welches Possessivpronomen verwendet wird.

› **mein** Füller = ein Füller, der **mir** gehört
deine Schule = eine Schule, in die **du** gehst

Die Possessivpronomen der 1. und 2. Person beziehen sich auf die entsprechenden Personalpronomen (ich/wir; du/ihr).

› **Ich** kaufe mir ein neues Buch!
Mein Buch hat einen bunten Umschlag.
Kaufen **Sie** sich ein neues Buch!
Nehmen Sie **Ihr** Buch mit in den Urlaub!

Das Possessivpronomen der 3. Person bezieht sich auf ein Nomen. Dabei entscheiden der Numerus und das Genus des Bezugswortes, welches Possessivpronomen verwendet wird.

Bezugswort	Possessivpronomen	Bezugswort	Possessivpronomen
der Mann	**sein** Buch	die Männer	**ihr** Buch
die Frau	**ihr** Buch	die Frauen	**ihr** Buch
das Kind	**sein** Buch	die Kinder	**ihr** Buch

Tipp: Vermeide bei eigenen Texten, dass sich die Form „ihr" auf mehrere Nomen beziehen kann. Der Leser muss immer genau das Bezugswort erkennen können; sonst kommt es zu Missverständnissen.

Aufgabe 5

Wandle die Sätze in Ausdrücke mit dem passenden Possessivpronomen um.

1. Er ist ihm bekannt *Sein Bekannter* ______
2. Er ist ein Mitschüler von mir. ______
3. Sie besuchen dich. ______

4. Sie bewundert ihn. ______________________________

5. Ich habe Hunger. ______________________________

6. Du hast diese Ansichten. ______________________________

7. Ihr habt viele Vorschläge gemacht. ______________________________

8. Wir grüßen herzlich. ______________________________

9. Ich verabschiede mich. ______________________________

Aufgabe 6

Setze die passenden Formen des Possessiv- und Personalpronomens ein.

Fußballregel Nr. 15 – Der Einwurf

1. Der Spieler muss ____________ Gesicht dem Spielfeld zuwenden.
2. ____________ darf mit ____________ Füßen entweder auf der Seitenlinie oder außerhalb von ____________ stehen.
3. Beim Einwurf müssen sich ____________ beiden Hände über ____________ Kopf befinden.
4. Dabei darf der Spieler den von ____________ selbst eingeworfenen Ball nicht berühren.
5. Wenn der Spieler den Ball in das Tor ____________ eigenen Mannschaft wirft, wird auf Eckstoß entschieden.
6. Der Spieler darf ____________ Einwurf wiederholen, wenn es ____________ nicht gelingt, durch ____________ Einwurf den Ball ins Spielfeld zu befördern.

Das gilt natürlich auch für den Frauenfußball! Ersetze den Ausdruck „der Spieler“ durch „die Spielerin“ und verändere entsprechend die Pronomen.

2.4 Demonstrativ- und Indefinitpronomen

Demonstrativpronomen

Das **Demonstrativpronomen** weist betont auf Nomen oder andere Pronomen hin. Es wird auf zweifache Weise verwendet:

Als **Begleitwort** steht es vor dem Nomen und stimmt mit ihm in Kasus, Numerus und Genus überein.
Als **Stellvertreter** weist es auf ein Nomen hin, das aus dem Textzusammenhang bereits bekannt ist.

› Max und Lea fanden **diese** alte Truhe.
Diese (= die alte Truhe) barg ein großes Geheimnis.

Folgende Demonstrativpronomen solltest du kennen:
der, die, das – dieser, diese, dieses – derselbe, dieselbe, dasselbe –
jener, jene, jenes – derjenige, diejenige, dasjenige

Das unbetonte Demonstrativpronomen „der, die, das" tritt nur als Stellvertreter für ein Nomen auf; die anderen können sowohl als Begleiter wie als Stellvertreter des Nomens auftreten.

› Kommt Herr Müller morgen? **Das** weiß ich nicht.
Hast du Tom Bescheid gesagt? **Dem** habe ich nichts gesagt.

Achtung: Verwechsle das Demonstrativpronomen „der, die, das" nicht mit dem bestimmten Artikel. Der Artikel tritt nur zusammen mit einem Nomen auf, das Demonstrativpronomen kann auch allein stehen.

Indefinitpronomen

Das **Indefinitpronomen** weist auf Personen oder Dinge hin, die man nicht genau benennen will oder kann. Es **begleitet** oder **vertritt** im Satz ein Nomen.

› **Irgendjemand** hat Tom einen Hinweis gegeben.
(Es ist für das Geschehen unwichtig, wer es war.)
Irgendjemand hat mir mein Buch gestohlen.
(Ich weiß aber nicht, wer es war.)

Nur im **Singular** kommen vor:	jeder, mancher, ein solcher, (irgend)ein, niemand
Nur im **Plural** kommen vor:	alle, sämtliche, viele, etliche, (irgend)welche, mehrere, einige, wenige
Ihre Form verändern nicht:	man, etwas, nichts, ein paar

Aufgabe 7

Entscheide, ob es sich bei den farbigen Wörtern um den bestimmten Artikel oder ein Pronomen handelt. Schreibe die zutreffende Abkürzung (A = Artikel, D = Demonstrativpronomen) in die Klammer.

1. **Die** (   ) ersten Eroberer **der** (   ) Inkastädte waren Spanier.
2. **Der** (   ) Eiffelturm, **das** (   ) berühmte Wahrzeichen von Paris, ist 324 Meter hoch.
3. **Der** (   ) Klimaschutz ist wichtig, **das** (   ) weiß inzwischen jeder.
4. Clemens, **dieser** (   ) pfeilschnelle Läufer, wird beim Sportfest bestimmt **den** (   ) 100-Meter-Lauf gewinnen.
5. **Diejenigen** (   ) die mit den Aufgaben fertig sind, können in **die** (   ) Pause gehen.
6. **Das** (   ) fliegende Auto wird in **der** (   ) Zukunft ein wichtiges Verkehrsmittel sein – **das** (   ) sagen viele Forschende voraus.

Aufgabe 8

Wähle ein sinnvolles Indefinitpronomen aus und unterstreiche es.

1. Die Aufführung des Schul-Theaters war ein voller Erfolg. (Manche/Alle/Wenige) klatschten begeistert Beifall.
2. In den großen Städten fahren (viele/keine/alle) Menschen mit öffentlichen Verkehrsmitteln.
3. Hat (mancher/viele/irgendjemand) mein Englischbuch gefunden?
4. (Man/Keiner) soll (viel/kein) Obst essen.
5. (Viele/Niemand/Mancher) sollte bei Glatteis mit dem Fahrrad fahren.

2.5 Relativ- und Interrogativpronomen

Relativpronomen

Das Relativpronomen fügt einen Nebensatz an ein Nomen an. Es stimmt mit dem Bezugswort in **Genus** und **Numerus** überein. Den angefügten Nebensatz nennt man Relativsatz.

Das Relativpronomen lautet:	der, die, das.
Daneben gibt es als Ersatzformen:	welcher, welche, welches; wer, was.

Hauptsatz	**Relativsatz**
Das ist ein Buch,	das ich unbedingt lesen wollte.

Interrogativpronomen

Das Interrogativpronomen fragt nach Personen oder Dingen, die noch nicht bekannt sind, und verlangt eine Antwort.
Es **begleitet** oder **vertritt** im Satz ein Nomen.

Das Interrogativpronomen lautet
- als **Begleitwort**: welcher …? welche …? welches …?
- als **Stellvertreter**: wer? was?

Das Interrogativpronomen leitet einen direkten oder indirekten Fragesatz ein. Den direkten Fragesatz erkennst du am Fragezeichen.

› Wer (welcher Freund) kommt heute Abend?
Ich frage dich, wer (welcher Freund) heute Abend kommt.

Aufgabe 9

Kreuze jeweils den Relativsatz an, der zum farbigen Bezugswort passt.

Wortkreuzungen

1. Ein Giftzahnarzt ist ein Arzt,
   a) der Giftzähne gefallen. ☐
   b) die Giftzähne ziehen. ☐
   c) der einen Giftzahn hat. ☐

2. Eine Löschblattlaus ist eine **Blattlaus,**
   a) der Löschblätter schmecken. ☐
   b) das Löschblätter kaut. ☐
   c) dem Löschblätter schmecken. ☐

3. Eine Suppengrünanlage ist eine **Grünanlage,**
   a) auf dem Suppengrün wächst. ☐
   b) auf denen Suppengrün wächst. ☐
   c) auf der Suppengrün wächst. ☐

4. Ein Fußballerstammtisch ist ein **Tisch,**
   a) auf der Fußballer tanzen. ☐
   b) an dem Fußballer sitzen. ☐
   c) von denen Fußballer erzählen. ☐

Aufgabe 10

Wandle die Hauptsätze zu Relativsätzen um.

Ich spreche von einem Dingsda, …

Das hat zotteliges Fell.

das zotteliges Fell hat.

Das hat einen großen Mund und lange Zähne.

____

Vor ihm bekommen die Menschen Angst.

____

Dessen Fußspuren sind so groß wie der Tisch.

____

Das gibt es gar nicht.

____

Im Moor gefällt es ihm am besten.

____

Zusatzfrage: Was ist nun eigentlich gemeint? ____________________

Aufgabe 11

Formuliere zu den Antworten entsprechende Fragesätze. Dazu musst du die farbig hervorgehobenen Pronomen durch Interrogativpronomen ersetzen.

Schneewittchen und die Zwerge (leicht verändert)

1. Frage: **Wer** hat von **meinem** Papptellerchen gegessen?

   Antwort: **Der** hat von **deinem** Papptellerchen gegessen.

2. Frage: ______________________________

   ____

   Antwort: **Ihm** hat **dein** Eis geschmeckt.

3. Frage: ______________________________

   ____

   Antwort: **Dessen** Nase hat an **deinem** Pudding geschnuppert.

4. Frage: ______________________________

   ____

   Antwort: **Diese** beiden Zwerge haben **deine** Pommes frites verdrückt.

5. Frage: ______________________________

   ____

   Antwort: Mit **dem** ist **dein** Kartoffelsalat verschwunden.

Abschlusstest online 2

Glückwunsch! Du hast das **Kapitel 2 – Pronomen** durchgearbeitet.
Dabei hast du die verschiedenen Arten von Pronomen wiederholt und geübt, wie sie richtig verwendet werden.

So funktioniert der Abschlusstest online:
Um deinen Lernerfolg zu überprüfen, kannst du nun die Tests online machen.
Gehe auf
www.klasse5bis10.klett-lerntraining.de/8T5T
und registriere dich wie vorne im Buch beschrieben.

Welche Tests es gibt, siehst du unten in der Tabelle. Nach jedem Test bekommst du eine Auswertung.

Willst du immer im Blick haben, welche Themen du schon kannst oder was du besser nochmal wiederholen solltest? Dann notiere deine Ergebnisse aus den Abschlusstests in der Tabelle.

Mein Ergebnis im Abschlusstest – Kapitel 2

Thema	Mein Ergebnis
Personalpronomen	
Possessivpronomen	
Demonstrativ- und Indefinitpronomen	
Relativ- und Interrogativpronomen	

3 Adjektive

3.1 Was ist ein Adjektiv?

Das **Adjektiv** bezeichnet **Eigenschaften** und **Merkmale** und kennzeichnet dadurch Lebewesen und Dinge, aber auch Handlungen, Vorgänge und Zustände. Im Satz kommt es vor allem in Verbindung mit Nomen und Verben vor. Für die Bildung der Formen ist es wichtig, wie das Adjektiv im Satz verwendet wird.

Steht es **bei einem Nomen**, wird es zusammen mit ihm **dekliniert** und stimmt mit ihm in Kasus, Numerus und Genus überein.

› in den **breiten** Gängen der **großen** Schule

Steht es **bei einem Verb oder einem Adjektiv**, bleibt es **endungslos** und verändert seine Form nicht.

› Die Klassenzimmer sehen **merkwürdig** aus.

3.2 Attributive Verwendung

Das **Adjektiv** kann als Beifügung bei (meist vor) einem Nomen stehen.
Man nennt es dann **attributives Adjektiv**.
Es bestimmt Lebewesen oder Dinge genauer, indem es ihre Eigenschaften und Merkmale nennt.

› der **bunte** Papagei, die **schnelle** Bahn, ein **schlauer** Gedanke

Formen des deklinierten Adjektivs

Die Formen des Adjektivs teilt man in die starke und schwache Deklination ein. Das hängt davon ab, ob vor dem Adjektiv ein Begleitwort steht.

Starke Deklination des Adjektivs

Das Adjektiv wird stark dekliniert, wenn vor ihm

- kein Artikel oder
- ein Begleiter ohne Endung steht, wie z. B. manch, solch, welch.

Singular	Maskulinum	Femininum	Neutrum
Nominativ	großer Hut	große Hand	großes Haus
Genitiv	großen Hutes	großer Hand	großen Hauses
Dativ	großem Hut	großer Hand	großem Haus
Akkusativ	großen Hut	große Hand	großes Haus
Plural			
Nominativ	große Hüte	große Hände	große Häuser
Genitiv	großer Hüte	großer Hände	großer Häuser
Dativ	großen Hüten	großen Händen	großen Häusern
Akkusativ	große Hüte	große Hände	große Häuser

Schwache Deklination des Adjektivs

Das Adjektiv wird schwach dekliniert, wenn vor ihm

- ein Artikel oder
- ein Begleiter mit Endung steht.

Das schwache Adjektiv hat nur zwei verschiedene Endungen, nämlich für den gesamten Nominativ und den Akkusativ Femininum und Neutrum Singular **-e**; für alle übrigen Formen **-en**.

› Der große Hut (die große Hand, das große Haus) gefällt mir nicht.
Ich mag den großen Hut (die große Hand, das große Haus) nicht.
Die Form des großen Hutes (der großen Hüte) gefällt mir nicht.
Dem großen Haus (den großen Häusern) fehlt die Farbe.

Kasus, Numerus und Genus des schwach deklinierten Adjektivs erkennst du nur am Begleiter, der davor steht.

Nach dem unbestimmten Artikel wird das Adjektiv im Nominativ und Akkusativ stark dekliniert.

› Ein großes Haus gefällt mir nicht.
Aber: Die Form eines großen Hauses gefällt mir nicht.

Aufgabe 1

Stelle das Adjektiv vor das Nomen. Bilde dabei die richtige Adjektivform und unterstreiche die Endung.

Aus einem Autotest

a) Vorteile:

Ladekante: tief

____

Gurt: verstellbar

____

Kofferraum: geräumig

____

Vordersitz: bequem

____

b) Nachteile:

Motor (lahm und laut) mit Leistung (schwach)

____

Reichweite (gering) durch Tank (klein)

____

Fahrverhalten (unsicher) bei Geschwindigkeiten (schnell)

____

Fahrsicherheit (mäßig) wegen Lenkung (schwammig)

____

Aufgabe 2

Unterstreiche alle Adjektive, die ein Nomen begleiten, und zähle sie.

Aus einem Urlaubsprospekt

Manch erfahrener Urlauber weiß es längst: Auf unserer schönen Insel haben wir für alle sonnenhungrigen Urlauber aus der sagenhaften Fülle die besten Angebote ausgewählt. Damit Ihre kostbaren Urlaubstage gelingen, bieten wir Ihnen die größte Auswahl: Sie reicht von der einfachen Pension bis zum gepflegten Hotel und stellt auch anspruchsvolle Gäste zufrieden. Genießen Sie die inseltypische Kochkunst. Es lohnt sich, die herzhaften Leckerbissen und die fangfrischen Fische aus dem Meer zu versuchen. Für jene aktiven Urlauber, die nicht nur faulenzen wollen, gibt es bei uns ganz tolle Möglichkeiten, die Sie woanders kaum finden werden.

Anzahl der Adjektive: ______________

Aufgabe 3

Ergänze die fehlenden Sätze. Verwende jeweils bei a) keinen Artikel, bei b) den bestimmten Artikel und bei c) den unbestimmten Artikel.

Aus einer Werbeanzeige für das schöne Portugal

1. a) *Durch mildes Klima vielfältige Pflanzenpracht!*
   b) ______________________________
   c) ______________________________
2. a) ______________________________
   b) *Der süße Duft der tropischen Früchte in der unberührten Natur!*
   c) ______________________________
3. a) ______________________________
   b) ______________________________
   c) *Kunstvolle Bauwerke aus einer ruhmreichen Vergangenheit!*

3.3 Adverbiale und prädikative Verwendung

Adverbiale Verwendung

Das Adjektiv kann als Beifügung bei **Verben** oder **anderen Adjektiven** stehen. Man nennt es dann **adverbiales Adjektiv**. Du bestimmst dadurch ein Geschehen oder eine Eigenschaft genauer.
Das adverbiale Adjektiv erkennst du, wenn du die Frage **Wie?** stellst. Es bleibt immer in der Grundform und **verändert sich nicht**.

› Das Eis schmeckt **lecker**. **Wie** schmeckt das Eis? **Lecker**.

Manchmal ist es schwierig, das undeklinierte Adjektiv vom Adverb zu unterscheiden. Im Deutschen gibt es nämlich, im Unterschied etwa zum Englischen, für das Adverb keine eigene Endung.
Mithilfe der **Attributprobe** kannst du jedoch leicht feststellen, ob es sich um ein Adjektiv handelt oder nicht. Du versuchst, das fragliche Wort als Beifügung zu einem Nomen zu verwenden. Dabei muss es sich deklinieren lassen.

› Das Eis schmeckt heute **lecker**. Das **leckere** Eis heute.

Heute kann nicht als Adjektiv vor ein Nomen gesetzt werden und ist deshalb Adverb. **Lecker** kann dagegen in deklinierter Form vor dem Nomen stehen und ist deshalb ein Adjektiv.

Prädikative Verwendung

Bei einigen Verben wie **sein**, **scheinen**, **bleiben** ist das Adjektiv eine notwendige Ergänzung des Prädikats, denn das Prädikat wird erst durch das Adjektiv vollständig. Man spricht dann vom **prädikativen Adjektiv**.
Es antwortet auch auf die Hilfsfrage **Wie?** und verändert sich dabei nicht.

› Die Pyramiden in Ägypten sind mehr als 3000 Jahre **alt**.
Wie sind sie? Mehr als 3000 Jahre **alt**.

Wenn du überprüfen willst, ob ein Adjektiv prädikativ verwendet wird, dann setze den Satz in den Singular oder in den Plural. Die Form des Adjektivs darf sich dabei nicht verändern.

› Der **Vogel** zwitschert **laut**. (Singular)
Die **Vögel** zwitschern **laut**. (Plural)

Aufgabe 4

Wähle passende Adjektive aus und schreibe sie in die Lücken.

drollig – salzig – rot – stürmisch – brüchig – italienisch –
saftig – seekrank – kurvig – wackelig – schaumig

1. Der alte Stuhl ist ________________________.
2. Das Wetter blieb ________________________.
3. Oliver wurde ________________________.
4. Das Warnlämpchen blinkt ________________________.
5. Meine Katze ist ________________________.

Aufgabe 5

Bilde mithilfe der vorgegebenen Wörter sinnvolle Sätze. Verwandle dabei die hervorgehobenen (attributiven) Adjektive in prädikative Adjektive.

1. der **langweilige** Film

   Der Film ist ____

2. unser **tollpatschiger** Hund

   ____

3. Florians tolle **neue** Jeans

   ____

4. Hannas **schöne** Stimme

   ____

5. diese **komplizierte** Matheaufgabe

   ____

Aufgabe 6

Finde mithilfe der Attributprobe heraus, bei welchen Wörtern es sich um adverbiale Adjektive handelt. Bei Adverbien machst du einen Strich.

Aus einer Gebrauchsanleitung

1. Beachten Sie die Regeln sorgfältig!

   Die sorgfältige ______ Beachtung der Regeln

2. Bitte kontrollieren Sie gleich den Paketinhalt.

   ______ Kontrolle des Paketinhalts

3. Vergleichen Sie sorgfältig die Einzelteile mit der Materialliste.

   ______ Vergleich der Einzelteile

4. Rufen Sie uns an und geben Sie die Ersatzteilnummern genau an.

   ______ Angabe der Ersatzteilnummern

5. Wir helfen Ihnen umgehend.

   ______ Hilfe

6. Beachten Sie beim Zusammenbau des Schrankes stets die Skizzen.

   ______ Beachtung der Skizzen

7. Wir beglückwünschen Sie herzlich zu Ihrem Erfolg!

   ______ Glückwunsch!

Aufgabe 7

Selbst bei diesen Unsinnssätzen kannst du unterscheiden, wie das Adjektiv verwendet wird. Schreibe die Adjektive in die richtige Spalte.

Schwabbrige Golche
knuselten sich mit knostrigen Wabbeln,
die lupfig wurden,
durch den dapprichen Drösel.
Aber weil der Prutz zarblich war,
verstrosiperten sich die Trunkel
ölmisch und flitschig ins Schlumumpfel.

attributiv	prädikativ	adverbial

3.4 Steigerung des Adjektivs

Das Adjektiv kann **gesteigert** werden. Die gesteigerte Form heißt auch **Vergleichsform,** weil man sie meist dazu verwendet, Eigenschaften miteinander zu vergleichen.

Die Vergleichsformen und ihre Bedeutung

Der **Positiv** (= Grundform) steht, wenn zwei Eigenschaften gleich sind. Das Vergleichswort heißt „so … wie".

› Carla ist **so** groß **wie** Jan.

Der **Komparativ** drückt aus, dass zwei Eigenschaften verschieden sind. Das Vergleichswort heißt „als".

› Tom ist größer **als** Leni.

Der **Superlativ** bezeichnet die Eigenschaft, die im Vergleich zu anderen das höchste Ausmaß hat.

› Oskar ist **am** größten.

So bildest du die Vergleichsformen

Der **Positiv** hat keine eigenen Endungen. Der **Komparativ** hat die Endung **-er**.

› Der Löwe ist klein**er** als der Elefant.

Manche einsilbigen Adjektive lauten zusätzlich den Stammvokal um.

› warm – w**ä**rm**er**

Der **Superlativ** besitzt die Endung **-st**. Wird der Superlativ attributiv gebraucht, führt er immer den bestimmten Artikel bei sich.

› Der Eiffelturm ist **das** berühmte**ste** Bauwerk Frankreichs.

Wird der Superlativ nicht **attributiv**, sondern **adverbial** oder **prädikativ** verwendet, wird ihm das Wörtchen „am" vorangestellt und die Endung **-(e)sten** angefügt.

› Der Eiffelturm ist **am** berühmte**sten**.

Einige Adjektive werden unregelmäßig gesteigert.

› **gute** Einfälle	**bessere** Einfälle	**die besten** Einfälle
viel Geld	**mehr** Geld	**am meisten** Geld

Merke:
Nicht alle Adjektive können gesteigert werden. Ein Adjektiv, das zu einer dieser vier Gruppen gehört, wird **nicht gesteigert**.

a) Es bezeichnet Eigenschaften, die sich nicht verändern.
› **ägyptische** Götter, **rotes** Auto

b) Es hat bereits die Bedeutung eines Superlativs.
› **einzigartige** Bauweise

c) Es hat eine verneinte Bedeutung.
› **zeitlose** Bauwerke

d) Es ist kein echtes Adjektiv, sondern ein Partizip.
› der **bellende** Hund, die **Hängenden** Gärten der Semiramis

Aufgabe 8

Ergänze die richtigen Formen.

1.	arm	______	am ärmsten
2.	gut	______	am ______
3.	______	tiefer	am ______
4.	leise	leiser	am ______
5.	______	______	am bittersten
6.	______	höher	am ______
7.	nah	______	am ______
8.	______	teurer	am ______
9.	______	______	am kürzesten
10.	heiß	______	am ______

Aufgabe 9

Bilde Sätze mit Vergleichen.

1. jung – der Himalaja – alt – Harz

   Die Alpen sind *jünger als der Himalaja,*

   aber älter als der Harz.

2. grob – Spinne – fein – Seeadler

   Der Kolibri baut ein ______________ Nest ______________________________

   ____

3. kalt – Wolf – warm – Frosch

   Das Murmeltier hat im Winter ______________ Blut ____

   ____

4. dumm – Papagei – klug – Huhn

   Der Hund benimmt sich ____

   ____

5. stark – Koalabär – schwach – Eisbär

   Der Pandabär ist __________________________________

   ____

6. gut – Karpfen – schlecht – Antilope

   Der Affe sieht in der Nähe ______________________________________

   ____

Aufgabe 10

Wandle die Komparative bzw. Superlative in den Positiv um. Denke daran, dass du manchmal auch das Vergleichswort ändern musst.

1. Ich singe schöner als du.

   Ich singe so schön wie du.

2. ICE fahren ist die schönste Art, bequemer ans Ziel zu kommen!

   ____

3. Mit dem Roller XYZ fährst du schneller als bisher!

   ____

4. XYZ-Lautsprecher! Musik – begeisternder als im Konzertsaal!

   ____

5. Der NS 850 Ski-Schuh zeichnet sich durch höchsten Komfort aus!

   ____

6. 12 feinste Gebäcksorten für den verwöhntesten Gaumen!

   ____

7. Gönnen Sie sich die weitesten Reisen zu billigsten Preisen!

   ____

8. Unser Waschmittel bringt strahlenderes Weiß!

   ____

Aufgabe 11

Finde alle Adjektive, die sich nicht steigern lassen und ordne sie richtig ein. Schreibe jeweils die Grundform (Positiv) auf.

Aus einem Sportbericht

Alle redeten vom Wetter, nur der **strahlende** Sieger nicht. Der erste Wettbewerb wurde zu einer **außergewöhnlichen** „Hitzeschlacht". **Gut** kam der **schwedische** Spitzensportler Thomas Wassberg mit den besonderen Verhältnissen zurecht. Er gewann damit die fünfte Goldmedaille bei **internationalen** Wettbewerben. Der **hohe** Favorit Gunde Svan endete **hoffnungslos** abgeschlagen auf einem der **letzten** Plätze. Im Ziel waren sich fast alle Teilnehmer **einig**: „Die **aufgeweichte** Spur, der **nasse** Schnee und die **schwere** Strecke – das war eines der härtesten Rennen über 30 km, das es je gab. Ein **absoluter** Wahnsinn!" Doch Wassberg meinte ganz **nüchtern**: „Ich fühlte mich **total** fit, es ist **optimal** gelaufen. Die **schwierigen** Bedingungen haben mir – anders als vielen Konkurrenten – **gut** gepasst. Es war nicht **klug**, dass ich in der **vergangenen** Saison fast kein Rennen bestritten habe."

a) Adjektive, die unveränderliche Eigenschaften bezeichnen:

___

b) Adjektive, die bereits superlativische Bedeutung haben:

___

c) Adjektive, deren Bedeutung verneint ist:

___

d) Adjektive, die von der Form her Partizipien sind:

___

Abschlusstest online 3

Super! Du hast das **Kapitel 3 – Adjektive** durchgearbeitet.
Du hast wiederholt, wie Adjektive verwendet werden (attributiv, adverbial oder prädikativ) und wie die Verwendung sich auf die Bildung der richtigen Form auswirkt. Außerdem weißt du nun, wie Adjektive gesteigert werden.

So funktioniert der Abschlusstest online:
Um deinen Lernerfolg zu überprüfen, kannst du nun die Tests online machen. Gehe auf
www.klasse5bis10.klett-lerntraining.de/8T5T
und registriere dich wie vorne im Buch beschrieben.

Welche Tests es gibt, siehst du unten in der Tabelle. Nach jedem Test bekommst du eine Auswertung.

Willst du immer im Blick haben, welche Themen du schon kannst oder was du besser nochmal wiederholen solltest? Dann notiere deine Ergebnisse aus den Abschlusstests in der Tabelle.

Mein Ergebnis im Abschlusstest – Kapitel 3

Thema	Mein Ergebnis
(Attributive, adverbiale und prädikative) Verwendung des Adjektivs	
Steigerung des Adjektivs	

4 Verben

4.1 Was ist ein Verb?

Bei Nomen heißt es Deklinieren.

Das **Verb** bezeichnet Handlungen, Vorgänge oder Zustände. Wie beim Nomen verändert sich auch beim Verb die Wortform in einem Text. Das nennt man **Konjugieren**.
Jede konjugierte Verbform ist durch **fünf** Merkmale bestimmt.

1. Person	ich sehe	du s**iehst**
2. Numerus	ich sehe	wir sehe**n**
3. Modus	ich sehe	ich s**ähe**
4. Tempus	ich sehe	ich s**ah**
5. Genus des Verbs	ich sehe	ich **werde gesehen**

Eine konjugierte Verbform (Personalform des Verbs) nennt man auch **finit**.
Im Satz ist die finite Verbform immer das **Prädikat**.

4.2 Person und Numerus

In der finiten Verbform werden **Person** und **Numerus** ausgedrückt. Es gibt jeweils drei Personen im Singular und Plural.
Die Person gibt an, wer oder was am Geschehen beteiligt ist, der Numerus, wie viele es sind.

Die 1. Person bezeichnet den Sprecher oder Schreiber des Textes; die 2. Person den Hörer oder Leser. Die 3. Person bezeichnet Personen oder Dinge, über die gesprochen oder geschrieben wird.

Die finite Verbform nennt man auch **Personalform**. Sie bildet im Satz das Prädikat und stimmt in Person und Numerus mit dem Subjekt überein.

› 1. Person Singular: **Ich reise** nach Indien.
2. Person Singular: **Du reist** nach Indien.
3. Person Plural: Viele **Touristen reisen** nach Indien.

Achtung:
Bei einigen Verben ändert sich bei der Bildung der Personalformen in der 2. und 3. Person Singular der Vokal der Stammsilbe.

› ich schlafe – du schl**ä**fst – er, sie, es schl**ä**ft
ich fahre – du f**ä**hrst – er, sie, es f**ä**hrt

Infinite Verbformen

Neben den **Personalformen** gibt es drei **infinite Verbformen**, die keine Person, sondern nur einen Vorgang oder Zustand bezeichnen.

1. **Infinitiv**
   Er bildet die Grundform des Verbs und gibt nur seine Bedeutung an.
   › tanzen, erblühen, sein

2. **Partizip I** (= Partizip Präsens)
   Es drückt aus, dass ein Geschehen oder ein Zustand andauert. Es wird fast nur als Adjektiv verwendet.
   › Ich sah viele **lachende** Kinder.

3. **Partizip II** (= Partizip Perfekt)
   Es bezeichnet den Abschluss eines Geschehens oder Zustands. Es dient vor allem dazu, zusammengesetzte Verbformen zu bilden.
   › Die Häuser sind rosa **angemalt**.

   Es wird auch als Adjektiv verwendet und entsprechend dekliniert.
   › Die Stadt Jaipur besteht aus rosa **angemalten** Häusern.

Aufgabe 1

Schreibe den Text um, indem du die Höflichkeitsform in die 2. Person Singular umwandelst.

Aus dem Reiseprospekt

Am vorletzten Tag der Traumreise fliegen Sie nach Katmandu, der Hauptstadt von Nepal. Dort müssen Sie Patan, die uralte Königsstadt, besuchen. Sie sehen herrliche Tempel mit prachtvollen Toreingängen. Und in Bodnath dürfen Sie den berühmten Buddha bestaunen, der in alle Himmelsrichtungen blickt. Wenn Sie mögen, können Sie sich in malerischen Cafés eine Ruhepause gönnen. Sie essen zuckersüßes Gebäck und nehmen honigsüßen Tee zu sich. Und in unserem First-Class-Hotel schlafen Sie in orientalischem Luxus. Diesen Tag vergessen Sie ganz sicher nicht.

Am vorletzten Tag der Traumreise fliegst du nach Katmandu ...

Aufgabe 2

Ordne die infiniten Verbformen in eine Tabelle ein.

Aus einem Reisebericht

Im weiteren Verlauf unserer Reise entdeckten wir eine große Siedlung, die **ausgedehnteste**, die wir bisher **vorgefunden** hatten. Wir sahen, wie eine Horde wilder Paviane laut **kreischend** und ihre Furcht **einflößenden** Zähne **zeigend** zum Ufer **gelaufen** kam. Da wir sie genau **beobachten** wollten, baten wir den Kapitän, vor Anker zu **gehen**. Gleichzeitig hatten wir darum gebeten, die Affen mit den mitgeführten Früchten zu **füttern**. Anfangs gaben die **drohenden** Paviane zu **verstehen**, dass sie keineswegs **gesonnen** seien, uns **landen** zu **lassen**. Als sie aber sahen, dass die Boote immer näher ans Land herankamen, ergriffen sie schnell **davonlaufend** die Flucht.

Infinitiv	Partizip I	Partizip II

4.3 Tempus

Mithilfe der **Tempusform** hast du die Möglichkeit, ein Geschehen zeitlich einzuordnen. Dabei gehst du immer von dem Augenblick aus, in dem du sprichst oder schreibst.

Es gibt drei Zeitstufen, in die du das Geschehen einordnen kannst:
- Ein Geschehen, das **während der Sprechzeit** abläuft, liegt in der **Gegenwart**.
- Ein Geschehen, das **zeitlich zurückliegt**, gehört zur **Vergangenheit**.
- Ein Geschehen, das noch **zu erwarten ist**, liegt in der **Zukunft**.

Zu den **drei Zeitstufen** gehören jeweils **zwei Tempusformen**.

Zeitstufe Gegenwart

1. Das **Präsens** drückt aus, dass ein Geschehen im Augenblick stattfindet. Es wird auch verwendet, wenn etwas zeitlos gültig ist. Mit entsprechenden Zeitangaben weist das Präsens auch in die Zukunft.

   › Ich **singe** (gerade, jetzt, in diesem Augenblick).
   Ich **denke** (oft, immer wieder) an dich.
   Lügen **haben** (stets) kurze Beine.
   Zwei mal zwei **ist** (immer) vier.
   Heute Nachmittag **fahren** wir zu Oma.

2. Das **Perfekt** stellt fest, dass ein Geschehen zwar in der Vergangenheit abgeschlossen ist, aber als Ergebnis für die Gegenwart wichtig ist („Ergebnis-Perfekt"). Es kommt oft zusammen mit dem Präsens vor und bezeichnet dann die Vorzeitigkeit.

   › Ich **habe** (gestern) bis in die Nacht **gearbeitet**, und ich bin deshalb (nun, heute) müde.

   Im Süden Deutschlands wird das Perfekt auch verwendet, um von vergangenen Geschehnissen zu erzählen („Erzähl-Perfekt").

Zeitstufe Vergangenheit

1. Das **Präteritum** bezieht sich auf ein vergangenes Geschehen. Du findest das Präteritum sehr häufig in Berichten oder Erzählungen.
   › Ich **arbeitete** (gestern, damals) recht gerne.
   Es **war** einmal (vor langer, langer Zeit) ein König.

2. Das **Plusquamperfekt** kommt fast nur in Verbindung mit dem Präteritum vor und bezeichnet dann die Vorzeitigkeit.
   › Nachdem ich **gearbeitet hatte**, **war** ich müde.

Zeitstufe Zukunft

1. Das **Futur I** kündigt ein kommendes Geschehen an. Du kannst das Futur I auch verwenden, um einen Wunsch oder eine Vermutung auszusprechen. Oft wird es durch das Präsens mit Zeitangaben ersetzt.
   › Wir **werden** bald wieder zu Hause **sein**.
   Du **wirst** jetzt deine Hausaufgaben **machen**!
   Das **wird** sehr anstrengend **werden**.

2. Das **Futur II** kommt im Deutschen sehr selten vor. Es bezeichnet ein abgeschlossenes Geschehen, das allerdings erst erwartet wird. Meist wird es durch das Ergebnis-Perfekt ersetzt.
   › Wenn ich nach Hause **zurückgekehrt sein werde** (besser: bin), werde ich dir alles erzählen.

Hier siehst du nochmal, wie Zeitstufen und Tempusformen zusammenhängen.

Zeitstufen	**Tempusformen**	
Gegenwart	Präsens	Perfekt
Vergangenheit	Präteritum	Plusquamperfekt
Zukunft	Futur I (Präsens)	Futur II (Perfekt)

Tipp: Dir ist sicher aufgefallen, dass **die Zeitstufe etwas anderes ist, als das Tempus**. Verwende deshalb für die Tempusformen die lateinischen Fachausdrücke und für die Zeitstufen die deutschen.

Aufgabe 3

Nummeriere die Sätze in der richtigen zeitlichen Reihenfolge. Um es dir einfacher zu machen, haben wir den ersten und letzten Satz vorgegeben!

Hundeschule

8	darf er im Sommer mit in Urlaub fahren.
	Nachdem man ihn vergeblich ausgeschimpft hatte,
	muss zurück in die Hunde-Schule.
	Das bekam unser Schäferhund Jason zu spüren,
	Wenn er anständiges Benehmen gelernt hat,
	der in den letzten Wochen große Schäden angerichtet hatte.
	musste er 3 Wochen lang eine „Hunde-Schule" besuchen.
1	Wer sich zu wild aufführt,

Aufgabe 4

Gib an, zu welcher Zeitstufe das Tempus jeweils gehört. Trage unten die entsprechende Satznummer ein.

Krawattenrekord

1. Umberto Sala, italienischer Textilfabrikant, **hat** dem Schiefen Turm von Pisa den größten Schlips der Welt **verpasst**.
2. Dazu **verwendete** er eine 44 m lange Stoffbahn in den italienischen Nationalfarben.
3. Für den Knoten **brauchte** er mehrere Tage.
4. Sala **plant** ein noch größeres Schlips-Abenteuer.
5. Als Nächstes **wird** er der New Yorker Freiheitsstatue an den Hals **gehen**.

Zeitstufe	**Satznummer**
Vergangenheit:	____________
Gegenwart:	____________
Zukunft:	____________

Bildung der Tempusformen

Jedes Verb hat **drei Stammformen**, mit denen du alle Tempusformen bilden kannst:

1. Infinitiv	= Präsensstamm	besuchen
2. 1. Person Sing. Prät.	= Präteritumstamm	(ich) besuchte
3. Partizip II	= Perfektstamm	besucht

Die Verben bilden die Tempusformen auf verschiedene Weise. Man unterscheidet die **starke**, **schwache** und **unregelmäßige Konjugation**.
Zu welcher Konjugationsklasse das jeweilige Verb gehört, siehst du an der 2. und 3. Stammform.

2. Stammform (= Präteritumstamm)

Die **starken** Verben verändern den Stammvokal. Bei manchen Verben kannst du den veränderten Stammvokal auch am dazugehörenden Nomen sehen.
› binden – das **Band** – (ich) **band**

Die **schwachen** Verben bilden das Präteritum mit der Silbe **-te**.
› sagen – sag**te**, kochen – koch**te**

Die **unregelmäßigen** Verben verändern den Stammvokal und fügen gleichzeitig die Silbe **-te** der schwachen Verben an.
› bringen – br**a**ch**te**, rennen – r**a**nn**te**

3. Stammform (= Perfektstamm)

Den Perfektstamm erkennst du bei allen Verben an der Vorsilbe **ge-**.
Alle starken Verben haben im Perfektstamm die Endung **-en**, die schwachen und die unregelmäßigen die Endung **-t**.
› bleiben – **ge**blieb**en**
lächeln – **ge**lächel**t**, rennen – **ge**ra**nnt**

Aufpassen musst du bei Verben, die bereits eine Vorsilbe haben. Wenn sie betont ist, wird die Silbe **ge-** danach eingeschoben; wenn die Vorsilbe unbetont ist, entfällt das **ge-**.
› vorsorgen – vor-**ge**-sorgt
besichtigen – besichtigt

Mit den Stammformen kannst du alle Tempusformen bilden. Dabei unterscheidet man die **einfachen** von den **zusammengesetzten** Formen.

Einfache Tempusformen

Die einfachen Tempusformen werden durch das Vollverb allein gebildet. Nur das **Präsens** und das **Präteritum** haben einfache Tempusformen.

› Max trinkt. Max trank.

Zusammengesetzte Tempusformen

Alle mehrteiligen Verbformen bildet man aus einem **finiten Hilfsverb** und **infiniten Formen**, die sich nicht verändern.
Als Hilfsverben dienen die Verben **werden**, **sein**, **haben**.

Achte auf die richtige Stellung der Verbform im Satz!
Im Hauptsatz steht das finite Hilfsverb an zweiter Stelle und die infiniten Verbformen am Ende des Satzes. Sie bilden so die **Satzklammer**.
Im Nebensatz befindet sich das finite Hilfsverb am Ende und die infinite Verbform davor.

› Ich **werde** im Zelt **schlafen**.
Ich freue mich darauf, dass ich im Zelt **schlafen werde**.

Folgende Tempusformen bildest du mit dem Hilfsverb **werden**:

- **Futur I**: „werden" + 1. Stammform
  › Wir **werden** nach Schottland **fliegen**.
- **Futur II**: „werden" + 3. Stammform + „haben/sein"
  › Bis Weihnachten **werde** ich meine Noten **verbessert haben**.

Folgende Tempusformen bildest du mit dem Hilfsverb **haben/sein**.

- **Perfekt**: „haben/sein" + 3. Stammform
  › Ich **bin** in Schottland sehr spät **angekommen**.
  Ich **habe** im Zelt **geschlafen**.
- **Plusquamperfekt**: „hatte/war" + 3. Stammform
  › Nachdem wir den Ort **besichtigt hatten**, aßen wir.

Aufgabe 5

Sieh dir die folgenden Satzpaare an. Verwandle in den ersten Sätzen die eingeklammerten Präsensformen in Präteritumformen. Setze in den zweiten Sätzen das passende Nomen ein.

Auf dem Reiterhof

1. Ganz früh am Morgen (**reiten**) _____________ wir mit unseren Pferden aus.
   Welch ein herrlicher _____________ über die grünen Wiesen!

2. Über einem Hindernis (**reißt**) _____________ sich Brigitte die Hose auf.
   Den _____________ nähte danach ihre Mutter mit einem Flicken zu.

3. Auf dem Turnierplatz (**streichen**) _____________ Anna und Lena die Hindernisse an.
   Der Trainer lobte sie: „Den _____________ habt ihr gut hinbekommen."

4. Dabei (**pfeift**) _____________ er anerkennend durch die Zähne.
   Aber es war nur ein leiser _____________, den die anderen leider nicht hörten.

5. Im Stall (**greift**) _____________ Martin dem Schimmel in die dicke Mähne.
   Aber den _____________ bemerkte der Schimmel gar nicht.

6. Nur ein kleines Tierchen (**flieht**) _____________ springend davon.
   Kaum zu glauben. Es war ein _____________!

Aufgabe 6

Wandle die Präsensformen in Präteritumformen um.

1. Die Arbeiter fällen den Baum, und dann fällst du darüber.

___

2. Noch schwimmen Fische im Wasser. Aber wer schwemmt das Gift heraus?

___

3. Alle Wege führen nach Rom, deshalb fahren wir auch nach Rom.

___

4. Du beugst das Nomen. Ich biege den Stahl.

___

5. Das Kind setzt sich auf den Stuhl. Dann sitzt es da und guckt.

___

Aufgabe 7

Schreibe den Text ab. Wandle dabei die Präsensformen in Perfektformen um.

Wie der FC Bayern Meister geworden ist

Meistertitel sammeln die Münchner Bayern am Fließband. Der Lorbeer der Konkurrenz verwelkt. Titel in Serie: Keinem gelingt das bisher. Und keiner begrüßt mehr Zuschauer, keiner verdient mehr, keiner gewinnt häufiger und bleibt länger ungeschlagen. Der FC Bayern verleiht der Bundesliga Glanz. Was kann die Mannschaft dafür, dass die Gegner so schwach auf der Brust sind?
Gleich zu Beginn setzen sich die Münchner an die Spitze, zu früh, wie der Trainer findet.

4.4 Aktiv und Passiv (Genus des Verbs)

Mit dem **Genus des Verbs** drückst du aus, wie du das Geschehen betrachtest.

Mit dem **Aktiv** drückst du aus, dass das Subjekt im Mittelpunkt steht.
› Ich lobe dich. (= Sehrichtung auf das handelnde Subjekt)

Im **Passivsatz** steht der Vorgang im Mittelpunkt.
› Ich **werde gelobt**. (= Sehrichtung auf den Vorgang)

Die Passivformen werden aus dem Hilfsverb „werden" bzw. „sein" und der 3. Stammform zusammengesetzt. Dabei ändert sich nur das Hilfsverb.

- Tempusformen mit dem Hilfsverb „**werden**"
  › Präsens: Das Kunstwerk **wird** von allen **bestaunt**.
  Präteritum: Das Kunstwerk **wurde** von allen **bestaunt**.
  Futur I: Das Kunstwerk **wird** von allen **bestaunt werden**.
  Futur II: Das Kunstwerk **wird** von allen **bestaunt worden sein**.

  Dir ist sicher aufgefallen, dass das Präsens Passiv ebenso wie das Futur I Aktiv das Präsens des Hilfsverbs „werden" verwendet.
  Die Formen kannst du aber leicht unterscheiden: Nur das Futur I Aktiv hat einen Infinitiv bei sich!
  › Futur I Aktiv: Ich **werde** den Tower in London **besichtigen**.
  Präsens Passiv: Paris **wird** von vielen Menschen **besichtigt**.

- Tempusformen mit dem Hilfsverb „**sein**"
  › Perfekt: Das Kunstwerk **ist bestaunt worden**.
  Plusquamperfekt: Das Kunstwerk **war bestaunt worden**.

Vorgangs- und Zustandspassiv

Man unterscheidet das Vorgangs- und das Zustandspassiv.
Das **Vorgangspassiv** wird mit dem Hilfsverb „werden" gebildet („werden"-Passiv). Es drückt einen Vorgang oder eine Handlung aus.
Das **Zustandspassiv** wird mit dem Hilfsverb „sein" gebildet („sein"-Passiv) und gibt einen Zustand oder das Ergebnis eines Vorgangs wieder.
› Ich **werde** gelobt. (Vorgangspassiv)
Das Haus **ist** renoviert. (Zustandspassiv)

Aufgabe 8

Bestimme Tempus und Genus der Verbformen (Aktiv oder Passiv).

Eine alte Wikingersiedlung in Norddeutschland
Bei der Stadt Schleswig **liegt** eine der ältesten Siedlungen Deutschlands. Hier **befand** sich einst ein bedeutsamer Hafen der Wikinger. Er **wurde** öfters Opfer von Raubüberfällen. Im Jahre 1066 **war** die Stadt fast völlig **zerstört worden**. Aber immer noch **werden** beim alten Hafens Ausgrabungen **gemacht**. Erst kürzlich **hat** man einen Runenstein **entdeckt**, in den altgermanische Schriftzeichen **eingemeißelt** sind.

Aufgabe 9

Bestimme das Genus des Verbs mit folgenden Abkürzungen:
A = Aktiv, VP = Vorgangspassiv, ZP = Zustandspassiv.

Die Höhle von Lascaux: Ein Blick in die Steinzeit

1. Nur durch einen Zufall wird 1940 die Höhle von Lascaux entdeckt. (______)
2. In ihr gibt es Malereien, die vor 17000 Jahren entstanden sind. (______)
3. Die schönsten Bilder wurden in einem engen Gang gefunden. (______)
4. Besonders rätselhaft ist der Mann mit dem Vogelkopf. (______)
5. Noch heute ist der Ort von einem geheimen Zauber erfüllt. (______)

Aufgabe 10

Bestimme das Tempus und das Genus mit folgenden Abkürzungen:
PrA = Präsens Aktiv, PrP = Präsens Passiv, FA = Futur I Aktiv.

Das Fahrrad

1. Immer mehr wird das Fahrrad das ideale Verkehrsmittel (______), um innerhalb der Städte kürzere Wege zurückzulegen.
2. In vielen Städten wird der Erwerb eines Fahrrades bezuschusst (______).
3. Dadurch wird der Autoverkehr innerhalb der Städte weniger (______); da wird man gerne auf einige Annehmlichkeiten verzichten (______).
4. Damit der Kauf eines Fahrrades kein Fehlkauf wird (______), wenden Sie sich an einen Fachhändler.
5. Dort wird man Sie freundlich beraten (______); außerdem werden alle Reparaturen zuverlässig erledigt (______).

4.5 Modus (Indikativ, Konjunktiv, Imperativ)

Der **Modus** bezieht sich auf den ganzen Satz und gibt an, wie die Satzaussage zu verstehen ist. Es gibt drei Modi: Indikativ, Konjunktiv und Imperativ.

Indikativ (Wirklichkeitsform)

Der Indikativ ist die Aussageweise, die am häufigsten verwendet wird.

Mit dem Indikativ drückst du eine Tatsache aus, aber auch einen ausgedachten oder allgemeingültigen Sachverhalt. Das gilt also auch, wenn du z. B. Geschichten erfindest.

› Die Blumen **blühen**. Im Winter **wird** es **schneien**.
Es **war** einmal ein König.

Der **Indikativ** hat kein eigenes Moduszeichen.

Imperativ (Befehlsform/Aufforderungsform)

Mit dem Imperativ drückst du einen Wunsch oder eine Aufforderung aus.

› **Stell** dir vor: Ich reite auf einem Elefanten!
Komm sofort zurück!

Die Formen des **Imperativs** kannst du leicht von den Indikativformen ableiten. Es gibt nur drei Möglichkeiten:

- Singular — Stell(e) dir vor!
- Plural — Stellt euch vor!
- Höflichkeitsform — Stellen Sie sich vor!

Einige Verben verändern beim Imperativ den Stammvokal und hängen kein **-e** an.

› befehlen	(Grundform)
du bef**ie**hlst	(2. Pers. Sg. Ind. Aktiv)
Bef**ie**hl!	(Imperativ Singular)

Konjunktiv (Möglichkeitsform)

Mit dem Konjunktiv drückst du aus, dass du keine Aussage über Tatsachen machen willst oder kannst. Dabei musst du zwischen dem **Konjunktiv I** und **II** unterscheiden:

- Der Konjunktiv I bezeichnet eine Anweisung oder einen Wunsch. Er dient auch dazu, eine Aussage einzuschränken. Dies ist z. B. nötig, wenn du die Sätze einer anderen Person wiedergibst (indirekte Rede).
  › Man **nehme** ein Pfund Mehl und drei Eier!
  Sie sagt, sie **gehe** zur Party.
- Den Konjunktiv II nimmst du, wenn du klarmachen willst, dass das Geschehen nur gedacht ist und sich in Wirklichkeit nicht ereignet.
  › Es **wäre** schön, wenn du hier sein **könntest**!

Der **Konjunktiv I** unterscheidet sich vom Indikativ Präsens nur in der 3. Person Singular.
› er, sie, es lach**t** (Indikativ) – er, sie, es lach**e** (Konjunktiv I)

Der **Konjunktiv II** unterscheidet sich nur bei einigen starken Verben vom Indikativ Präteritum.
› ich **flog** ich **flöge**; ich **war** ich **wäre**

Beachte:
- Da der Indikativ im Präsens mit dem Konjunktiv I gleich lautet, wird meist die Form des Konjunktivs II als Ersatzform benutzt.

› **Indikativ**	**Konjunktiv I**	**Ersatzform**
wir besicht**igen**	wir besicht**igen**	wir besicht**igten**

- Da der Indikativ im Präteritum mit dem Konjunktiv II gleich lautet, wird er mit „würde“ umschrieben.

Aufgabe 11

Verändere das Salatrezept, indem du die Aufforderungen abschwächst und das unpersönliche „man“ mit dem Konjunktiv I verwendest.

1. Nehmen Sie gewaschenen Kopfsalat! *Man nehme …*
2. Reiben Sie die Schüssel mit einer Knoblauchzehe aus.
3. Zerkleinern Sie die Zutaten für die Soße, verrühren Sie diese und lassen Sie alles etwas ziehen.
4. Gießen Sie die Soße über den Salat und mischen Sie rasch durch.
5. Richten Sie den Salat erst kurz vor dem Verzehr an.
6. Tipp: Schütteln Sie die Soße in einem Schraubglas kräftig durch.

Aufgabe 12

Ein indischer Fremdenführer erzählt:

1. Das Taj Mahal ist das schönste Grabmal der Erde.
2. Es wird von keinem anderen Bauwerk an Glanz und Pracht übertroffen.
3. Ein indischer Kaiser hat es für seine verstorbene Frau erbaut.
4. Dieses Grabmal soll den Menschen als ein Mahnmal für die Macht der Liebe dienen.
5. Der Kaiser hat 20 000 Arbeiter beschäftigt und zwei Jahre benötigt, um das Bauwerk fertig zu stellen.
6. Er hat auch vorgehabt, für sich selbst ein pechschwarzes Grabmal errichten zu lassen.
7. Sein Wunsch ist es gewesen, die beiden Grabstätten durch eine silberne Brücke zu verbinden.
8. Sein Sohn aber hat ihn in einer nahe gelegenen Festung einsperren lassen.

Schränke die Aussagen des Fremdenführers ein, indem du statt der Indikativformen die Formen des Konjunktivs I einsetzt:

Man sagt,

1. ______________________________
2. ______________________________
3. ______________________________

Man vermutet,

4. ______________________________
5. ______________________________
6. ______________________________

Man erzählt sich,

7. ______________________________
8. ______________________________

Aufgabe 13

Wandle folgende Behauptungen ins Gegenteil um. Beginne jeden Satz mit „Es wäre schön, wenn ...“.

1. Im Winter ist es kalt.
   → *Es wäre schön, wenn es im Winter warm wäre.*
2. Heute gibt es keinen Schoko-Pudding zum Nachtisch.
3. Die Stühle in der Schule sind nicht gepolstert.
4. Am Wandertag fahren die Schüler nicht nach Indien.
5. Die Regeln der Grammatik lernt man nicht im Schlaf.
6. Für die Teilnahme am Unterricht bekommt keiner 50 €.
7. Die deutschen Schüler haben in Europa die kürzesten Ferien.

Aufgabe 14

Wandle die Höflichkeitsform (zusammen mit den Pronomen) in die 2. Person Singular um.

Beispiel: Sie lernen → *du lernst*

Die Sterne sagen immer die Wahrheit (oder auch nicht)

 **Zwilling** Sie lernen eine wichtige Persönlichkeit kennen. Schlagen Sie eine Bitte um Hilfe nicht ab. Geben Sie Ihrem Gefühl nach und helfen Sie ohne Bedenken.	 **Löwe** Vergessen Sie Ihre Freunde nicht und zeigen Sie ihnen, wie wichtig sie Ihnen sind. Morgen fühlen Sie sich so wohl wie schon lange nicht mehr.
 **Waage** Ein großer Wunsch geht in Erfüllung. Werfen Sie Ihre Hemmungen ab. Laden Sie Freunde ein und feiern Sie.	 **Skorpion** Sie spüren leise Wehmut, wenn Sie an einen bestimmten Menschen denken. Melden Sie sich doch einfach bei ihm.
 **Schütze** Lassen Sie sich zu nichts überreden, was Sie anstrengt. Nehmen Sie sich nichts vor, was Ihre Kräfte übersteigt. Werfen Sie nicht Ihre guten Vorsätze über Bord.	 **Wassermann** Schreiben Sie mal auf, was Sie sich noch vorgenommen haben. Sehen Sie den Schwierigkeiten ins Auge.

4.6 Modalverb

Das **Modalverb** bestimmt die **Art und Weise eines Geschehens** genauer. Es gibt sechs Verben, die als Modalverben verwendet werden.

Modalverb	Art des Geschehens	Beispiele
können	möglich	Ich kann schwimmen.
müssen	notwendig	Ich muss lernen.
wollen	beabsichtigt	Ich will fernsehen.
sollen	erwartet	Ich soll abwaschen.
dürfen	erlaubt	Ich darf ins Kino gehen.
mögen	erwünscht	Ich mag tanzen.

Modalverben stehen meistens zusammen mit dem **Infinitiv eines Vollverbs**. Der Infinitiv des Vollverbs wird **ohne „zu"** angeschlossen.

› Ich **kann** **schwimmen**.
  Ich **muss** **lernen**.

In den zusammengesetzten Zeiten (Perfekt, Plusquamperfekt, Futur II) steht nicht das Partizip II, sondern stattdessen der Infinitiv des Modalverbs. Es folgen in diesen Zeiten also zwei Infinitive aufeinander.

› Ich **habe**/**hatte** ins Kino **gehen** **dürfen**. (*nicht:* gehen ~~gedurft~~)
  Sie **hat** **aufräumen** **müssen**. (*nicht:* aufräumen ~~gemusst~~)

Beachte:
Die Modalverben bilden kein Passiv und keinen Imperativ.

Aufgabe 15

Wandle die drei Verbote so um, dass sich Sätze mit Modalverben ergeben. Wähle dafür treffende Modalverben aus der Wörterliste aus.

können – müssen – wollen – sollen – dürfen – mögen

1. Betreten des Rasens verboten!

   Der Rasen ______________________________.

2. Hunde sind an der Leine zu führen.

   ______________________________.

3. In diesem Gebäude ist das Rauchen nicht gestattet.

   ______________________________.

Aufgabe 16

Bilde mit den vorgegebenen Wörtern sinnvolle Sätze.

1. können – alle – wir – Morgen – ausschlafen

   ______________________________.

2. wollen – jeden Tag – fangen – Mäuse – Meine Katze

   ______________________________.

3. mögen – als joggen – Lukas – Fußball spielen – lieber

   ______________________________.

Aufgabe 17

Schreibe die Sätze in der angegebenen Zeit auf.

1. Lotte muss den Test wiederholen.	Lotte hatte …
2. Alle dürfen in die Pause gehen.	Alle haben …
3. Klara kann besonders gut rechnen.	Klara hat …

Aufgabe 18

Ordne die Sätze den entsprechenden Bedeutungen zu. Trage unten die Ziffern der Sätze ein. (Wenn du für einen Bedeutung keinen Satz findest, machst du einfach einen Strich.)

1. Im Sommer **muss** die Limonade gut gekühlt sein.
2. In den Ferien **wollen** viele Menschen verreisen.
3. Wenn es morgen windig ist, **können** wir unsere Drachen steigen lassen.
4. Bei Rot **darf** niemand über die Straße gehen.
5. Auf dem Schulfest **soll** es auch einen Stand mit frisch zubereiteten Waffeln geben.
6. Mein Hund **mag** bei Regen einfach nicht auf die Straße gehen.
7. Das **kann** ich dir nicht versprechen!
8. Die Sommerferien **dürfen** Charlotte und ihre beste Freundin auf einem Reiterhof verbringen.
9. Morgen **soll** es nicht regnen, lasst uns doch zum Badesee gehen.
10. Junge Katzen **müssen** gegen Katzenschnupfen geimpft werden.
11. Wir **können** uns morgen nicht treffen, ich habe Fußballtraining.
12. Bei diesem schönen Wetter **will** Franzi einfach nicht über kniffligen Hausaufgaben brüten.

Folgende Handlungen, Vorgänge oder Zustände sind

erlaubt:	______	nicht erlaubt:	______
notwendig:	*Satz 1,* ______	nicht notwendig:	______
beabsichtigt:	______	nicht beabsichtigt:	______
erwartet:	______	nicht erwartet:	______
möglich:	______	nicht möglich:	______
erwünscht:	______	nicht erwünscht:	______

Abschlusstest online 4

Toll! Du hast das **Kapitel 4 – Verben** durchgearbeitet. Du hast wiederholt, was ein Verb ist und dass es konjugiert wird. Du kennst die fünf Merkmale, die die konjugierte Verbform bestimmen: Person, Numerus, Modus, Tempus, Genus.

So funktioniert der Abschlusstest online:
Um deinen Lernerfolg zu überprüfen, kannst du nun die Tests online machen. Gehe auf
www.klasse5bis10.klett-lerntraining.de/8T5T
und registriere dich wie vorne im Buch beschrieben.

Welche Tests es gibt, siehst du unten in der Tabelle. Nach jedem Test bekommst du eine Auswertung.

Willst du immer im Blick haben, welche Themen du schon kannst oder was du besser nochmal wiederholen solltest? Dann notiere deine Ergebnisse aus den Abschlusstests in der Tabelle.

Mein Ergebnis im Abschlusstest – Kapitel 4

Thema	Mein Ergebnis
Die Personalform des Verbs	
Die Zeitform des Verbs (Tempus)	
Aktiv und Passiv	
Modus des Verbs (Indikativ, Konjuktiv, Imperativ)	
Modalverben	

5 Adverbien

5.1 Was sind Adverbien?

Adverbien bestimmen die Umstände eines Geschehens genauer. Man nennt sie darum oft auch Umstandswörter. Adverbien sind z. B. *da, darum, dort, genauso, heute, hinten, so, sehr, sogar, sonst, ungefähr …*

› Ich habe **heute** Geburtstag.
Das wird **bestimmt** eine tolle Geburtstagsparty.

Im Unterschied zum Adjektiv verändert das Adverb nie seine Form und steht im Satz alleine.

Die Adverbien lassen sich nach der **temporalen**, **lokalen**, **modalen** und **kausalen** Sinnrichtung unterscheiden.

5.2 Temporale und lokale Adverbien

Die **temporalen Adverbien** (Adverbien der Zeit) geben einen Zeitpunkt, eine Dauer oder eine Wiederholung an.

Temporale Adverbien sind z. B. *abends, bald, bisher, dann, demnächst, mehrmals, immer, jetzt, kürzlich, mittwochs, morgen, nie, oft, später …*

Sie geben Auskunft auf die Fragen: **Wann? Seit wann? Wie lange? Wie oft?**.
› Um 10 Uhr **abends** wurden im Mittelalter die Stadttore geschlossen.

Aufgabe 1

Bringe die einzelnen Handlungen in die zeitliche Ordnung, indem du die Sätze richtig durchnummerierst.

Wie man in der Spanischen Hofreitschule das erste Mal ein Pferd besteigt

1 Zunächst wird der junge Hengst in die Mitte der Reithalle geführt.

Jetzt wird der Reiter dicht neben dem Pferd mehrmals hochgehoben.

Hierauf lässt der Reiter ganz langsam sein Gewicht auf den Sattel nieder.

Unterdessen ist der Reiter unauffällig neben das Pferd getreten.

Zugleich muss das Pferd ein paar Schritte vorwärts tun und das ganze Gewicht des Reiters tragen.

Dann hebt der Reiter vorsichtig erst das eine Bein über den Sattel.

Einstweilen stützt er sich lediglich auf den Sattel, ohne sich hinzusetzen.

8 Zuletzt zieht der Reiter das zweite Bein nach und sitzt auf dem jungen Pferd, ohne es erschreckt zu haben.

Aufgabe 2

Unterstreiche die temporalen Adverbien.

1. Die Schach-AG findet immer montags statt.
2. Mara holt die Fahrradhelme, Max pumpt inzwischen die Reifen auf.
3. Seid bitte sofort still!
4. Lena feiert morgen ihren 11. Geburtstag.
5. Beeil dich, der Bus kommt gleich!
6. Im Winter wird es viel früher dunkel als im Sommer.
7. Endlich geht's los.
8. Leo hat mehrfach versucht, Lucy zu erreichen.
9. Daniel kommt heute erst später zum Training.
10. Im Winter waren wir oft auf der Rodelbahn.

Die **lokalen Adverbien** (Adverbien des Ortes) machen Angaben zu den räumlichen und örtlichen Verhältnissen (Standort, Herkunft, Richtung). Du findest sie sehr häufig bei Verben der Bewegung.

Lokale Adverbien sind z. B. *da, dort, drinnen, herum, hier, hinten, vorn, links, überall, nirgends, umher, weg …*

Sie antworten auf die Frage: **Wo? Wohin? Woher?**.

› Er reiste von Rom aus **nach** Ägypten.

Aufgabe 3

Setze die folgenden lokalen Adverbien in die passenden Sätze ein.

hinauf und hinunter – hin und her – vor und zurück –
hier und dort – oben und unten – drunter und drüber

1. Beim Tennisspielen fliegt der Ball immer

   ______________________________.

2. Beim Schwimmen geht es im Wasser

   ______________________________.

3. Beim Klettern muss der Bergsteiger

   ______________________________.

4. Beim Fechten springt man

   ______________________________.

5. Beim Drachenfliegen ist man bald

   ______________________________.

6. Beim Ringen liegt der eine ______________________________

   der andere ______________________________.

Aufgabe 4

Schreibe die Adverbien aus den Sätzen jeweils in die richtige Tabellenspalte.

Ein einfaches Spiel mit zwei Würfeln

1. Jeder Spieler schreibt anfangs die Zahlen 2 – 12 nebeneinander auf ein Papier.
2. Dann beginnt derjenige, der oben am Tisch sitzt.
3. Nun würfelt jeder und streicht sogleich die entsprechende Zahl durch.
4. Ist eine Zahl bereits durchgestrichen, geht der Würfel an den links sitzenden Mitspieler.
5. Die Zahlen 2 und 12 dürfen mehrmals durchgestrichen werden.
6. Wer zuerst alle Zahlen auf dem Papier durchgestrichen hat, ist Sieger.

temporale Adverbien	lokale Adverbien

5.3 Modale Adverbien

Die **modalen Adverbien** (Adverbien der Art und Weise) machen Angaben zu den näheren Begleitumständen eines Geschehens. Außerdem kannst du mit ihnen den Satz insgesamt beurteilen.

Adverbien der Art und Weise sind z. B. *auch, besonders, bestimmt, genauso, genug, insbesondere, jedoch, sehr, so, sogar, vielleicht …*

Sie beantworten folgende Fragen:
Wie? Wie sehr? Inwiefern? Auf welche Art und Weise? In welchem Maße? Im Vergleich wozu?.

› Wir freuen uns **sehr** auf den Ausflug.
Es schien **so**, als wäre die Tür eben erst zugefallen.

Aufgabe 5

Stelle fest, wie das Adverb die Aussage näher bestimmt, und setze in die Klammer hinter dem jeweiligen Adverb das passende Zeichen.

(+) bedeutet Erweiterung, Ergänzung, Hervorhebung
(–) bedeutet Einschränkung, Unbestimmtheit
(x) bedeutet Gegensatz, Widerspruch

Aus einer Schlussbemerkung unter einem Deutschaufsatz

Dein Aufsatz ist **besonders** ( ) im ersten Teil gelungen. **Teilweise** ( ) macht das Lesen deiner Erlebniserzählung richtig Spaß. **Dagegen** ( ) hast du im zweiten Teil dir **weder** ( ) große Mühe gegeben **noch** ( ) das Thema genau beachtet. Der Höhepunkt ist **kaum** ( ) erkennbar. **Außerdem** ( ) hast du **ziemlich** ( ) wenig anschauliche Adjektive verwendet. **Jedoch** ( ) ist der Schluss **recht** ( ) originell. Deine Arbeit wird den Anforderungen **einigermaßen** ( ) gerecht.

Aufgabe 6

Ersetze die Hauptsätze durch passende Adverbien.

Beispiel: Es ist sicher, dass ich morgen zu dir komme.
→ *Sicherlich komme ich morgen zu dir.*

Kolumbus der Entdecker

1. Es besteht kein Zweifel, dass Kolumbus einer der größten Entdecker war.

____

____

2. Aber es ist auch sicher, dass er einem großen Irrtum erlegen ist.

____

____

3. Sein Irrtum bestand nämlich darin, dass er den Seeweg falsch berechnet hat.

____

____

4. Es ist möglich, dass er sein Unternehmen nicht sorgfältig vorbereitet hat.

____

____

5. Es war allerdings ein glücklicher Zufall, dass er dabei Amerika entdeckte.

____

____

6. Es ist zu bedauern, dass Kolumbus arm und einsam gestorben ist.

____

____

5.4 Kausale Adverbien

Kausale Adverbien (Adverbien des Grundes) **begründen** ein **Geschehen** und beziehen sich meist auf den ganzen Satz.
Adverbien des Grundes sind z. B. *also, daher, demnach, dennoch, deshalb, folglich, nämlich, sonst, trotzdem, somit …*
Diese Bedeutungen können der kausalen Sinnrichtung zugeordnet werden:

Grund: Warum? Wieso? Weshalb?
Zweck: Wozu? Zu welchem Zweck? Mit welcher Absicht?
Folge: Mit welcher Folge/Wirkung?
Bedingung: Unter welcher Bedingung/Voraussetzung?

› Mia war krank und konnte **darum** nicht kommen. (Grund)
Mia war krank und konnte **also**/**folglich** nicht kommen. (Folge)

Aufgabe 7

Was geben die farbigen Adverbien an: Grund, Folge, Bedingung oder Zweck?

Hinweise für Hundebesitzer

Jeder Hund ist ein Rudeltier. **Deshalb** ( ) ist es wichtig, dass immer Menschen um ihn herum sind. Es ist **dazu** ( ) notwendig, ihn nie längere Zeit alleine zu lassen. **Sonst** ( ) verkümmert seine Seele, und er wird **folglich** ( ) eher krank als ein glücklicher Hund. **Wozu** ( ) braucht der Hund den Menschen noch? Genau genommen zum Gehorchen. Der Hund braucht **nämlich** ( ) ein Leittier, das ihm überlegen ist. **Notfalls** ( ) muss man ihm das mit konsequenter Erziehung klarmachen. **Sonst** wird er machen, was er will. **Deshalb** ( ) muss der Mensch auch dafür sorgen, dass der Hund sein Futter bekommt. **Dadurch** ( ) gewöhnt er sich noch mehr an sein „Herrchen".

Abschlusstest online 5

Super! Du hast das **Kapitel 5 – Adverbien** durchgearbei*tet.*
Du weißt, welche Funktion Adverbien haben, und dass sie sich nach temporalen, lokalen, modalen und kausalen Sinnrichtungen unterscheiden lassen.

So funktioniert der Abschlusstest online:
Um deinen Lernerfolg zu überprüfen, kannst du nun die Tests online machen.
Gehe auf
www.klasse5bis10.klett-lerntraining.de/8T5T
und registriere dich wie vorne im Buch beschrieben.

Welche Tests es gibt, siehst du unten in der Tabelle. Nach jedem Test bekommst du eine Auswertung.

Willst du immer im Blick haben, welche Themen du schon kannst oder was du besser nochmal wiederholen solltest? Dann notiere deine Ergebnisse aus den Abschlusstests in der Tabelle.

Mein Ergebnis im Abschlusstest – Kapitel 5

Thema	Mein Ergebnis
Adverbien	

6 Präpositionen

6.1 Was sind Präpositionen?

Präpositionen (auch Verhältniswörter) setzen Personen und Dinge in ein bestimmtes Verhältnis zueinander. Im Satz kommen sie meist zusammen mit einem Nomen oder Pronomen vor. Sie bestimmen den Kasus des Wortes, zu dem sie gehören. Präposition und abhängiges Wort nennt man zusammen **Präpositionalausdruck**.
Auch Präpositionen lassen sich nach der **temporalen**, **lokalen**, **modalen** und **kausalen** Sinnrichtung unterscheiden.

6.2 Lokale Sinnrichtung

Die **lokalen Präpositionalausdrücke** machen Angaben zu Raum und Ort. Sie bezeichnen die Lage, den Standort oder die Richtung. Einige Präpositionen können mit dem Dativ und mit dem Akkusativ zusammenstehen.

Lokale Präpositionen sind z. B. *an, auf, aus, entlang, in, neben, über, vor, zwischen …*

Den **Akkusativ** verlangen sie, wenn eine **Richtung** oder ein **Ziel** angegeben wird. Du kannst die Frage **Wohin?** stellen.
› Sie fliegen **auf die Insel Tahiti**. **Wohin** fliegen sie? (Richtung, Ziel)

Mit dem **Dativ** stehen sie, wenn sie eine **Lage** oder einen **Standort** angeben. Du erfragst sie mit **Wo?**.
› Sie sind **auf Tahiti** gelandet. **Wo** sind sie gelandet? (Lage, Standort)

Beachte: Präpositionen können mit dem bestimmten Artikel (Maskulinum und Neutrum) zu einer Form verschmelzen.
› **durch das** Wasser → **durchs** Wasser

Aufgabe 1

Ordne die farbigen Präpositionalausdrücke richtig ein.

Wie romantisch!

Gehen Sie doch abends einmal **an den Strand.** Suchen Sie sich **unter den dunklen Palmen** ein ruhiges Plätzchen. Schauen Sie zu, wie sich die Sonne **auf das tiefblaue Meer** niedersenkt und sich dann **hinter den Horizont** langsam zurückzieht. **An dem dunklen Himmel** leuchten bald funkelnde Sterne, und **über Ihnen** erstrahlt das berühmte Kreuz des Südens. Träumen Sie und lassen Sie alle Sorgen **hinter sich.** Und wenn sich **zwischen Ihre Träume** die melodischen Lieder der einheimischen Bevölkerung mischen, dann spüren Sie den ganzen Zauber der Südsee.

Standort, Lage – Dativ	Richtung, Ziel – Akkusativ
______________________	______________________
______________________	______________________
______________________	______________________
______________________	______________________

Aufgabe 2

Unterstreiche die Präpositionalausdrücke mit lokaler Sinnrichtung.

Die Deutsche Bahn AG informiert

Lieber Kunde, Sie reisen in einem unserer Großraumwagen.
Ihrer Bequemlichkeit dienen:

- Sitze mit verstellbarer Armlehne
- hochklappbare Armlehne zwischen den Sitzen
- Leseleuchten über jedem Platz
- Klapptisch vor jedem Sitzplatz in der Rückenlehne des Vordersitzes
- Regale für Gepäckstücke neben den Eingängen
- große Abfallbehälter an den Türen
- in den Einstiegsräumen ein Hinweisschild zum Zugrestaurant

Wir wünschen gute Reise!
Die Bahn

6.3 Temporale Sinnrichtung

Mit den **temporalen Präpositionalausdrücken** bezeichnest du den **Zeitpunkt** und die **Zeitdauer** eines Geschehens.

Wichtige Präpositionen sind z. B. *an, gegen, in, nach, seit, um, vor, während …*

Sie antworten auf die Fragen: **Wann? Seit wann? Wie lange? Wie oft?**.

› **während** der Fahrt (Zeitpunkt)
all die Jahre **hindurch** (Zeitdauer)

Aufgabe 3

Trage die temporalen Präpositionalausdrücke unten richtig ein.

Mit dem „Palast auf Rädern" durch Indien
Hauptbahnhof Delhi: Fauchend und auf Hochglanz poliert steht der Orientexpresszug abfahrbereit. Er verkehrt nur während der sechs kühlen Monate des indischen Winters. Von Oktober bis März herrscht Aufregung auf Bahnsteig 1. Und am darauf folgenden Mittwoch ist der „Palast auf Rädern" bei Tagesanbruch wieder zurück. In aller Eile wird er sauber gemacht und aufpoliert. In kurzer Zeit kann die Fahrt durch das Land der Maharadschas erneut losgehen. In früheren Jahren hatten die Engländer ein hervorragendes Eisenbahnnetz aufgebaut, das bis auf den heutigen Tag alle Teile Indiens miteinander verbindet. Seit dieser Zeit kann man von Delhi aus mit dem Zug zu den großen Sehenswürdigkeiten fahren. Auch in unseren Tagen ist es noch ein großes Erlebnis; denn bei dieser Reise werden die Gäste wie Großfürsten aus vergangenen Tagen verwöhnt.

temporale Präpositionen mit Genitiv: ______________________________

____

temporale Präpositionen mit Dativ: ______________________________

____

temporale Präpositionen mit Akkusativ: ______________________________

____

6.4 Modale Sinnrichtung

Die **modalen Präpositionalausdrücke** helfen dir, die **Art und Weise** oder die **Eigenschaft** auszudrücken. Sie geben Antwort vor allem auf die Fragen: **Wie? Von welcher Art? Für wen?**.

› **Ohne** Smartphone verlässt der moderne Mensch nicht das Haus.

Folgende Präpositionen solltest du kennen:

- mit **Genitiv**: abzüglich …, anstatt …, ausschließlich …, einschließlich …, trotz …
- mit **Dativ**: aus …, außer …, bei …, in …, mit …, nach …, unter …, von …, zu …
- mit **Akkusativ**: auf …, bis …, für …, gegen …, ohne …, über …, wider …

Aufgabe 4

Unterstreiche die modalen Präpositionen und ersetze sie durch solche, die das Gegenteil bezeichnen.

1. Gehen Sie ohne feste Schuhe und ohne Kletterseil ins Gebirge.
2. Verzehren Sie Ihr Essen mit Hast und in Eile.
3. Steigen Sie nur entgegen der Erlaubnis des Hüttenwirts auf.
4. Nehmen Sie alles Nötige mit, ausgenommen ein Notsignal.
5. Seien Sie über das gesunde Maß hinaus ehrgeizig.
6. Befolgen Sie diese Hinweise wider alle Vernunft.

So verhält man sich richtig im Gebirge!

1. ______________________________
2. ______________________________
3. ______________________________
4. ______________________________
5. ______________________________
6. ______________________________

6.5 Kausale Sinnrichtung

Die **kausalen Präpositionalausdrücke** dienen dazu, das Geschehen zu begründen, indem die **Ursache,** das **Mittel,** die **Bedingung** oder der **Zweck** angegeben wird. Sie geben Antwort vor allem auf die Fragen:
Warum? Womit? Unter welcher Voraussetzung? Wozu?.

› **Wegen** des schlechten Wetters wurde der Ausflug abgesagt.

Folgende Präpositionen solltest du kennen:

- mit **Genitiv**: angesichts …, anlässlich …, aufgrund …, dank …, gemäß …, infolge …, trotz …, wegen …
- mit **Dativ**: aus …, laut …, nach …, von …, zu …, zufolge …, … zuliebe
- mit **Akkusativ**: auf …, durch …

Aufgabe 5

Bilde Präpositionalausdrücke mit dem richtigen Kasus.

Deshalb konnte ich nicht in die Schule kommen!

1. Anlässlich ______________________________

   (Geburtstag von Kaiser Franz)

2. Aufgrund ______________________________

   (kräftiger Knoblauchgenuss)

3. Wegen ______________________________

   (angeborene Antriebsschwäche)

4. Gemäß ______________________________

   (einstimmiger Familienbeschluss)

5. Aus ______________________________

   (unerfindliche Gründe)

6. Auf ____

(ausdrücklicher Wunsch meines Katers)

7. Nach ____

(uralte Bauernweisheit)

8. Infolge ____

(plötzlicher Wintereinbruch)

Aufgabe 6

Ordne die kausalen Präpositionalausdrücke richtig in die Tabelle ein.

Sommerurlaub in Deutschland

Laut einer Umfrage fährt nur etwa die Hälfte der Deutschen in den Urlaub. Von diesen bleiben aus finanziellen Gründen oder wegen der langen Reisezeit ins Ausland viele zur Erholung im eigenen Land. Vor allem der Umwelt zuliebe, fahren viele Familien mit der Bahn an den Urlaubsort.
Auch diejenigen Familien, die angesichts der oben genannten Gründe in Deutschland geblieben sind, finden ihr Vergnügen: z.B. einmal nach Lust und Laune in Seen schwimmen, auf die Berge wandern oder durch kleine romantische Dörfer zu bummeln.
Trotz mancher Regenfälle werden sie sich prächtig erholen. Und dank der Bundesbahn kommt man auch wieder bequem nach Hause.

kausale Präpositionen mit Genitiv	kausale Präpositionen mit Dativ

Aufgabe 7

Bestimme die Sinnrichtung und den Kasus der farbigen Präpositionalausdrücke und ordne sie richtig ein.

Kein Faschingsscherz!

Der Krapfen gehört zum Fasching wie das Clownskostüm. Dass er nur durch Zufall erfunden wurde, weiß kaum jemand. **Vor etwa 350 Jahren** soll die Bäckermeisterin Cäcilie Krapf **aus lauter Wut** einem ungeschickten Lehrbuben ein Stück Teig quer **durch die Backstube** nachgeschleudert haben. Aber der Teig landete in einer Pfanne mit heißem Fett. **Gegen alle Erwartung** war die Bäckerin **vom Ergebnis** höchst entzückt. So wurde das „Wurfgeschoss" zu einem schmackhaften Geschenk **für die Menschheit**. Das alles soll **einer Wiener Chronik zufolge im Jahr 1635** gewesen sein. **Seit diesen Tagen** kann man sich den Fasching **ohne den Krapfen** gar nicht mehr vorstellen. Sogar Seine Majestät der Kaiser ließ ihn **bei allen Hofbällen** auftischen. Manche machten sich schon damals einen Jux daraus, **in einige Krapfen** Senf statt Marmelade zu füllen. Also Vorsicht! Und ganz langsam **in den fluffigen Teig** hineinbeißen!

lokale Präpositionen mit Akkusativ:

___

___

temporale Präpositionen mit Dativ:

___

___

kausale Präpositionen mit Dativ:

___

___

modale Präpositionen mit Akkusativ:

___

___

Abschlusstest online 6

Glückwunsch! Du hast das **Kapitel 6 – Präpositionen** durchgearbeitet.
Du weißt, was Präpositionen sind, welche Funktion sie im Satz haben, und dass sie sich nach temporalen, lokalen, modalen und kausalen Sinnrichtungen unterscheiden lassen.

So funktioniert der Abschlusstest online:
Um deinen Lernerfolg zu überprüfen, kannst du nun die Tests online machen. Gehe auf
www.klasse5bis10.klett-lerntraining.de/8T5T
und registriere dich wie vorne im Buch beschrieben.

Welche Tests es gibt, siehst du unten in der Tabelle. Nach jedem Test bekommst du eine Auswertung.

Willst du immer im Blick haben, welche Themen du schon kannst oder was du besser nochmal wiederholen solltest? Dann notiere deine Ergebnisse aus den Abschlusstests in der Tabelle.

Mein Ergebnis im Abschlusstest – Kapitel 6

Thema	Mein Ergebnis
Präpositionen	

7 Konjunktionen

7.1 Was ist eine Konjunktion?

Konjunktionen (auch Bindewörter genannt) verbinden Einzelwörter, Wortgruppen oder Sätze miteinander. Sie stehen immer **am Beginn** des angefügten Teiles.
Nach der Art der Verknüpfung unterscheidet man die **nebenordnenden** von den **unterordnenden** Konjunktionen.

7.2 Nebenordnende Konjunktionen

Nebenordnende Konjunktionen verknüpfen gleichrangige Wörter, Wortgruppen oder Sätze.

› Die Fahrt ist an einem Tag gut zu bewältigen **und** es bleibt noch Zeit für kleinere Aufenthalte **oder** Verschnaufpausen. Das Baden im Meer ist zwar nicht so angenehm **wie** bei uns in einem See, **aber** dafür ist es recht erfrischend. **Dennoch** lohnt sich ein Ausflug ans Meer immer.

Nebenordnende Konjunktionen sind z. B.:

- Gleichartigkeit: und, sowohl … als auch …, (so)wie
- Wahlmöglichkeit: oder, entweder … oder …
- Vergleich: wie, als
- Unterschied: aber, sondern, dennoch, zwar
- Begründung: denn, nämlich, also (Vor diesen Konjunktionen steht immer ein Komma.)

Aufgabe 1

Ergänze die Lücken sinnvoll mit den angegebenen Konjunktionen.

Einige Konjunktionen musst du mehrmals verwenden.

sondern – noch – und – weder – denn – aber

Hiermit erkläre ____________ bekenne ich, dass ich zwei Hamburger umgebracht habe. Aber ich bitte um Milde ____________ um Gnade. ____________ ich wurde durch einen Wiener ____________ Frankfurter dazu gezwungen. Das rote Blut auf meinen Lippen ____________ in meinen Haaren stammt aus einer Ketchupflasche ____________ etwas Ähnlichem. Ich versichere ____________ beschwöre, dass die Hamburger ____________ Schmerzen ____________ Qualen erdulden mussten. Ich bin mit einer harten, ____________ gerechten Strafe einverstanden. In Zukunft werde ich nicht nur den Hamburgern, ____________ auch den Wienern und Frankfurtern aus dem Weg gehen.

Aufgabe 2

Füge Konjunktionen ein, die einen Vergleich zum Ausdruck bringen.

Der Körper des Menschen ist nicht überall gleich warm: **Am kältesten** ist es an den Zehenspitzen, während sich die Haut an der Schulter ungefähr so **warm** ____________ unter der Achsel anfühlt. Die Körpertemperatur misst man **am besten** im Mund, weil die Schleimhaut **genauere** Werte gibt ____________ andere Körperteile. Wenn du aufwachst, fühlst du dich meist **frischer** ____________ am Abend. Kein Wunder: Dein Körper ist um 6 Uhr **kühler** ____________ 12 Stunden **später**.

7.3 Unterordnende Konjunktionen

Unterordnende Konjunktionen verknüpfen einen **Nebensatz** mit einem anderen Satz. Man nennt sie auch **Subjunktionen**. Dabei ist der Nebensatz vom übergeordneten Satz abhängig. Der übergeordnete Satz kann ein Hauptsatz oder ebenfalls ein Nebensatz sein.

› (1) Ich spiele gerne Schach, (2) **weil** es toll ist, (3) **wenn** ich gewinne.
Nebensatz (2) ist abhängig vom übergeordneten Hauptsatz (1), Nebensatz (3) vom Nebensatz (2).

Einen Nebensatz, an dessen Beginn eine unterordnende Konjunktion steht, nennt man **Konjunktionalsatz.** Die unterordnenden Konjunktionen bestimmen die Sinnrichtungen des Nebensatzes.

a) Durch **temporale Konjunktionen** drückst du das Zeitverhältnis zwischen zwei Sätzen aus. Die wichtigsten temporalen Konjunktionen sind:

- Gleichzeitigkeit: während, indem, als, wenn, sooft, sobald, solange
- Vorzeitigkeit: nachdem, als, wenn, sobald, seit(dem)
- Nachzeitigkeit: bevor, ehe, bis

Vorzeitigkeit:
› (1) **Nachdem** Mia aufgestanden ist, (2) frühstückt sie.
Das Geschehen in Satz (1) liegt zeitlich vor dem Geschehen in Satz (2).

Nachzeitigkeit:
› (1) **Bevor** es hell wird, (2) müssen wir aufstehen.
Das Geschehen in Satz (1) liegt zeitlich nach dem Geschehen in Satz (2).

b) Durch **kausale Konjunktionen** begründest du das Geschehen des übergeordneten Satzes. Die häufigsten kausalen Konjunktionen sind:

- Grund, Ursache: weil, da, dadurch dass
- Ziel, Zweck: damit
- Bedingung, Voraussetzung: wenn, falls
- Folge, Auswirkung: so dass
- Einschränkung, Gegengrund: obwohl

› (1) Wir sollten uns beeilen, (2) **weil** wir sonst den Buch verpassen.
Die Tatsache in Satz (2) ist der Grund für die Empfehlung in Satz (1).

c) Mithilfe der **modalen Konjunktionen** bezeichnest du nähere Umstände des Geschehens im übergeordneten Satz. Die häufigsten modalen Konjunktionen sind:

- begleitende Umstände: indem, wobei
- fehlende, unnötige Umstände: ohne dass
- Gegensatz: während (hingegen)
- Vergleich: wie, als dass
- Möglichkeit: sofern

› (1) Er lief am schnellsten von allen, (2) **ohne dass** es ihn angestrengt hätte.
Der Satz (2) nennt Umstände, die für das Geschehen in Satz (1) nicht nötig sind.

Aufgabe 3

Verwandle den jeweils ersten Hauptsatz in einen Konjunktionalsatz.

Beispiel: Ich habe mich geduscht. Nachher frühstücke ich.
→ *Nachdem ich mich geduscht habe, frühstücke ich.*

Ein ganz normaler Tag

1. Der Wecker klingelt. Vorher hat irgendjemand bereits das Frühstück gemacht.
2. Der Wecker hat geklingelt. Danach wacht Finn auf und dreht sich nochmals auf die Seite.
3. Finn verzehrt genüsslich sein Schoko-Müsli. Gleichzeitig hört er die neueste Musik.
4. Die erste Stunde hat begonnen. Unterdessen guckt Finn die neuesten Videos auf dem Smartphone.
5. Sein Vater hat wie jeden Tag verärgert zugeschaut. Dann ruft er: „Jetzt aber los, Finn!"

Aufgabe 4

Ergänze eine passende Konjunktion und schreibe anschließend hinter den Satz, welches Zeitverhältnis sie im Satzgefüge ausdrückt (Gleichzeitigkeit, Nachzeitigkeit, Vorzeitigkeit).

1. Schütteln Sie die Saftflasche kräftig, ________ (als, wenn, bevor) Sie sie öffnen. ________
2. Die Zuschauer riefen begeistert „Bravo", ________ (indem, als, wenn) sich die Schauspieler verbeugten. ________
3. ________ (während, nachdem, bevor) alle ihre Rucksäcke gepackt hatten, konnte es endlich losgehen. ________
4. Mara hört immer ihre Lieblingsmusik, ________ (als, während, seitdem) sie joggt. ________

Aufgabe 5

Gib an, was durch die kausale Konjunktion (jeweils farbig gedruckt) bezeichnet wird: Bedingung, Folge, Grund, Zweck, Einräumung.

Seife zum Selbermachen

Die Seife ist ganz mild, **so dass** ________ ihr Schaum auch nicht einmal in Kinderaugen brennt. **Falls** ________ Sie eine sehr empfindliche Haut haben, können Sie die Seife auch noch mehr verdünnen. Geben Sie zusätzlich ein paar Tropfen Kräuteröl hinzu, **wenn** ________ Sie eine strapazierte Haut haben, **weil** ________ sie z. B. zu viel Sonne abbekommen hat. Benutzen Sie ein Rührgerät, **damit** ________ die Zutaten sehr gut vermischt werden. **Wenn** ________ die Mischung zu flüssig geworden ist, fügen Sie einige Gramm Verdicker hinzu.

Noch ein Hinweis:

Experimentieren Sie mit den Mengen, **obwohl** ________ die Zutaten nicht gerade billig sind.

Abschlusstest online 7

Toll! Du hast das **Kapitel 7 – Konjunktionen** durchgearbeitet.
Du weißt, was Konjunktionen sind, und dass man nebenordnende und unterordnende Konjunktionen unterscheidet.

So funktioniert der Abschlusstest online:
Um deinen Lernerfolg zu überprüfen, kannst du nun die Tests online machen. Gehe auf
www.klasse5bis10.klett-lerntraining.de/8T5T
und registriere dich wie vorne im Buch beschrieben.

Welche Tests es gibt, siehst du unten in der Tabelle. Nach jedem Test bekommst du eine Auswertung.

Willst du immer im Blick haben, welche Themen du schon kannst oder was du besser nochmal wiederholen solltest? Dann notiere deine Ergebnisse aus den Abschlusstests in der Tabelle.

Mein Ergebnis im Abschlusstest – Kapitel 7

Thema	Mein Ergebnis
Konjunktionen	

8 Prädikat und Subjekt

8.1 Was ist ein Satz?

Hier siehst du Kritzeleien auf einer Schulbank, die aus einer Ansammlung von Wörtern und Sätzen bestehen, die zusammen einen Text ergeben. Du findest:

einzelne Wörter: Hey! Ciao!
unvollständige Sätze: Bin ein Mädchen. Wie alt?
vollständige Sätze: Ich bin leider nur am Dienstag hier.
Schreib mal wieder!

Neben den **vollständigen Sätzen** gibt es auch **unvollständige Sätze** oder **Kurzsätze.** Sie sind allerdings nur innerhalb eines Textes oder in einer eindeutigen Situation verständlich. Unvollständige Sätze lassen sich zu vollständigen ergänzen:
Wie alt? → Wie alt bist du? Bin ein Mädchen → Ich bin ein Mädchen.

Sätze können unterschiedlich lang und unterschiedlich ausführlich sein, und sie können auch aus sehr unterschiedlichen Teilen bestehen. Ein **vollständiger Satz** muss wenigstens ein **Prädikat** und ein **Subjekt** besitzen, kann aber noch **weitere Ergänzungen** und **Erweiterungen** enthalten.

Es gibt zwei Möglichkeiten zu bestimmen, aus welchen Teilen ein vollständiger Satz zusammengesetzt ist.

Umstell- oder Verschiebeprobe

Bei der **Umstell- oder Verschiebeprobe** veränderst du probeweise die Reihenfolge der Wörter im Satz. Dabei darf sich der Sinn nicht ändern. So erfährst du, welche Wörter vom Sinn her zusammenbleiben müssen.

Ein Wort oder eine Gruppe von Wörtern, die in einem Satz umgestellt werden können, sind ein **Satzglied**.

Ich	bin	leider nur am Dienstag hier.
Leider	bin	ich nur am Dienstag hier.
Hier	bin	ich leider nur am Dienstag.
Nur am Dienstag	bin	ich leider hier.

Die Ausdrücke *ich*, *leider*, *hier*, *nur am Dienstag* sind Satzglieder. Das Wort *bin* ist immer an derselben Stelle geblieben.

Ersatzprobe

Bei der **Ersatzprobe** tauschst du Wörter oder Wortgruppen durch andere aus. Dabei darf sich der Satzbau nicht ändern. So findest du heraus, welche Wörter im Satz die gleiche Rolle spielen.

Ich bin nur	**am Dienstag**	hier.
Ich bin nur	**dienstags**	hier.
Ich bin nur	**selten**	hier.
Ich bin nur	**einmal in der Woche**	hier.

Alle vier Ausdrücke haben die Aufgabe, näher zu bestimmen, **wann** die Schreiberin an diesem Platz sitzt.

8.2 Prädikat

Jeder vollständige Satz besitzt ein **Prädikat** (Satzaussage). Es drückt aus, was im Satz geschieht oder ist. Das Prädikat ist der wichtigste Bestandteil eines Satzes. Von ihm hängen die anderen Bausteine des Satzes ab.

1. Zusammen mit dem Subjekt (Satzgegenstand) bildet das Prädikat das Grundgerüst des Satzes. Einfache Sätze bestehen nur aus Prädikat und Subjekt.

   › Die Schüler **basteln**.

2. Das Prädikat bestimmt, wie viele Objekte vorkommen und in welchem Kasus sie stehen.

   › Die Schüler basteln **eine Marionette**. (= Objekt im Akkusativ)
   Ich ziehe **der Marionette kostbare Kleider** an.
   (= zwei Objekte im Dativ und Akkusativ)

3. Das Prädikat ist immer eine konjugierte Verbform. Du erkennst sie daran, dass **Person** und **Numerus** bestimmt sind. Eine solche Verbform nennt man auch **finit**.

	Person	**Numerus**
› Du **bemalst** die Marionette.	2.	Singular
Die Marionetten **verbeugen** sich.	3.	Plural

Aufgabe 1

Verbinde jeweils ein Subjekt mit einem passenden Prädikat.

1. Der Hund	zwitschert.
2. Der Vogel	bellt.
3. Jannik	blühen.
4. Die Blumen	rennt.

Aufgabe 2

Wandle das zweite Nomen in ein Prädikat um und bilde einfache Sätze.

1. Lucie	Frühstück	*Lucie frühstückt.*
2. Tom	Spieler	______
3. Emily	Leser	______
4. Wir	Sänger	______
5. Ole	Läufer	______
6. Paul	Träumer	______
7. Lara	Maler	______

Aufgabe 3

Setze die Verben in der richtigen grammatischen Form ein.

ich		(sagen)
du		(sehen)
er, sie, es		(lachen)
wir		(wissen)
ihr		(wandern)
sie		(verreisen)

Oft besteht das Prädikat aus einer mehrteiligen Verbform.
Zu der konjugierten (**finiten**) Verbform treten andere Wörter hinzu. Sie verändern sich – im Unterschied zur konjugierten Verbform – nicht; man nennt sie deshalb **infinit**.
Beim mehrteiligen Prädikat musst du zwischen dem finiten und infiniten Prädikatsteil unterscheiden. Vergleiche, welche Verbformen sich verändern.

	finiter Prädikatsteil		**infiniter Prädikatsteil**
Ich	**werde**	eine Marionette	**bauen**.
Wir	**werden**	eine Marionette	**bauen**.
Du	**willst**	eine Marionette	**bauen**.
Wer	**kann**	eine Marionette	**bauen**?

Die unveränderlichen Prädikatsteile stehen am Ende des Satzes und schließen alle Wörter dazwischen ein. Man nennt dies **Satzklammer**.

Unveränderliche Prädikatsteile können sein

- infinite Verbformen nach einem Hilfs- oder Modalverb.
  › Die Marionette **ist** aus vielen Teilen **zusammengesetzt**. (= Partizip Perfekt)
  Die Hände **kann** man aus Stoff **machen**. (= Infinitiv)
- Vorsilben oder Partikel als (trennbare) Verbzusätze.
  › Ich **setze** die Marionette aus 14 Teilen **zusammen**.
- nominale und adjektivische Ausdrücke.
  › Ich nehme die Marionette **zur Hand**. (= nominaler Ausdruck)
  Ich nehme meine Arbeit sehr **ernst**. (= Adjektivausdruck)

Merke:
Verben wie **sein**, **scheinen**, **werden** brauchen meist eine zusätzliche inhaltliche Ergänzung, damit das Prädikat vom Sinn her vollständig ist, z. B.:

- Nomen.
  › Das Material des Marionettenkopfes **ist Lindenholz**.
- Präpositionalausdrücke.
  › Der Kopf **ist aus einem Stück Lindenholz**.
- Adjektive, die ihre Form nicht verändern.
  › Der Kopf **ist hölzern**. Die Köpfe **sind hölzern**.

Aufgabe 4

Unterstreiche jeweils das Prädikat.

1. Wir fertigen Lampenschirme nach Ihren Entwürfen. Standardschirme vorrätig.
2. Im „Schlaf" Geld verdienen! Gerne vermitteln wir kostenl. Ihre Whg. etc.
3. Früh-Rentner, absolut zuverlässig, übernimmt Kurierdienste/Flüge In- und Ausland/Eilaufträge.

Aufgabe 5

Unterstreiche die mehrteiligen Prädikate.

1. Das Wundersofa macht endlich Schluss mit den schweißtreibenden Übungen.
2. Sechs verschiedene Geräte machen Sie auf angenehme Weise fit.
3. Auf der Trainingsliege wird mit einer sanften Wellenbewegung der Kreislauf angeregt.
4. Durch die vierte Übung werden Pfunde an Bauch und Hüften weggeschmolzen.
5. Mit dem Po-Trainer können Sie beeindruckende Muskeln aufbauen.
6. Durch die Klappmesser-Übung werden Sie bis zu 20 Pfund abnehmen.
7. Nach dem Training dürfen Sie sich unter der Dusche erholen.

Aufgabe 6

Wandle die farbigen Ausdrücke in einfache Sätze mit dem Verb „sein" um.

Beispiel: Das blaue Haus gefällt mir. → *Das Haus ist blau.*

Hawaii

Die Hawaii-Insel Oahu mit ihrer **weltberühmten Waikiki-Bucht** lädt Sie zu diesem **wunderschönen Urlaub** ein. Die Südsee lockt Sie mit **glitzernd schwarzen Sandstränden** und **riesigen Palmen**. Bummeln Sie durch die **verwinkelten Straßen von Honolulu.** Vergessen Sie nicht die **köstlichen Spezialitäten der Köche aus China!** Bewundern Sie im **herrlichen Naturpark Sea Life** die **gezähmten Delphine** oder die **farbenprächtigen Fische.** Nehmen Sie unterm **tropisch-blauen Himmel** teil an den **fröhlichen Tanzdarbietungen der Einheimischen**!

8.3 Subjekt

In jedem vollständigen Satz wird das Prädikat durch das **Subjekt** ergänzt. Das Subjekt (der Satzgegenstand) nennt die Person oder Sache, von der das Geschehen ausgeht oder zu der ein Zustand gehört.

› Eine **Biologin** zog junge Gänse auf und lernte ihre „Sprache".

1. Subjekt und Prädikat stimmen in Numerus und Person überein, d.h. sie sind in Numerus und Person kongruent.

› **Subjekt**	**Prädikat**		
Die Biologin	**spricht**	mit den Gänsen.	(3. Person Singular)
Die Gänse	**fliegen**	nach Süden.	(3. Person Plural)

2. Das Subjekt steht unmittelbar vor oder hinter dem Prädikat.

   › **Die Gänsemutter begrüßt** ihre Kinder mit Geschnatter.
   Mit Geschnatter **begrüßt die Gänsemutter** ihre Kinder.

3. Subjekt und Prädikat müssen inhaltlich zusammenpassen.

   › **Die Biologin fährt** den Gänsen mit dem Rad hinterher.
   aber nicht: ~~Die Gänse fahren mit dem Rad hinterher.~~

Das **Subjekt** steht immer im **Nominativ**.
Wenn du in einem Satz das Subjekt finden und bestimmen willst, stellst du die Frage: **Wer** oder **was** tut etwas? **Wer** oder **was** ist? Als Antwort erhältst du das Subjekt.

› Die Streifengänse schnattern wild.
Wer schnattert wild?
Antwort: **die Streifengänse** → **Subjekt**

Folgende **Wortarten** können Subjekt sein:

- Nomen oder Nomen mit Beifügungen.
  › **Biologin** zieht verlassene Jungtiere auf.
  Die Gänsemutter begrüßt ihre Kinder.
  Die fünf Streifengänse schnattern wild.

- Eigennamen.
  › **Marie** hat gute Laune.
- Pronomen.
  › **Sie** kümmert sich um die Gänse.

Auch andere Wortarten können Subjekt werden. Dazu müssen sie allerdings erst zu Nomen gemacht werden, also **nominalisiert** (substantiviert) werden. Du schreibst sie groß und stellst einen Artikel davor.

- Verb
  › Die Gänse **schnattern**. **Das Schnattern** der Gänse stört mich nicht.
- Adjektiv
  › Die **kleinen** Gänse fliegen noch nicht. **Die Kleinen** fliegen noch nicht.

Aufgabe 7

Welches Geräusch passt zu welchem Tier? Verbessere die Sätze und setze die Tiere dabei in den Singular.

Katzen krähen

Frösche brüllen

Bienen grunzen

Schweine summen

Tauben kläffen

Hähne quaken

Stiere gurren

Lerchen miauen

Hunde tirilieren

Aufgabe 8

Zu einem Prädikat passen jeweils zwei Subjekte.

Eimer – Hund – Mutter – Tür – Schnaps – Streichholz

1. Die ______________ springt auf. Die ______________ springt auf.
2. Das ______________ brennt. Der ______________ brennt.
3. Der ______________ leckt. Der ______________ leckt.

Aufgabe 9

Achtung! Die Subjekte sind vertauscht. Bringe die beiden Texte in Ordnung, so dass man wieder darüber lachen kann.

Bereits 1980 wurde in Kalifornien **dein Lehrer** zu einer riesigen Blase aufgepustet. **Niemand** erreichte den sagenhaften Durchmesser von 48,9 cm! Bis heute hat **er** diese Superleistung übertreffen können. Aber **ein Kaugummi** darf dich beim Training in der Schule nicht erwischen.

An der Haltestelle wartet **eine Toilette** auf seinen Bus. Wie im Training übt **eine alte Dame** das schnelle Dribbeln. Das sieht **der große Fußballstar Pele Knallschuh**. Da geht **er** auf ihn zu und sagt: „Junger Mann! Dort drüben ist **sie**."

____

____

____

____

____

____

Aufgabe 10

Unterstreiche in jedem Satz das Subjekt.

So bastle ich ein Kaleidoskop

Am besten besorgst du dir drei kleine Spiegel (20 cm lang, 4 cm breit). Billiger ist allerdings Spiegelfolie. Außerdem brauchst du Pappe, Buntpapier oder bunte Glasscherben und Haushaltsfolie.
Zunächst werden die Spiegelteile zu einem Dreieck zusammengestellt und mit Klebebändern festgemacht. Ein Ende verschließt du dann mit der durchsichtigen Haushaltsfolie. Nun füllst du die dreieckige Röhre mit den bunten Glasscherben oder Papierschnipseln. Zum Schluss wird die Folie auch über dem anderen Ende befestigt.

Aufgabe 11

Finde die Subjekte, bestimme ihre Wortart und trage sie unten richtig ein.

Mit einer Plastikfolie kannst du noch etwas anderes basteln. Zuerst wird ein Dreieck aus der Folie ausgeschnitten. Dann werden die Kanten durch drei Plastikhalme verstärkt. Allerdings dürfen die Halme nur an den Ecken festgeklebt werden. Denn die Folie muss frei beweglich bleiben; die Luft kann sonst den Flieger nicht emporheben. Die Mitte der Segelfläche kann man durch einen zusätzlichen Halm verstärken. Mit einem kleinen Gewicht verändert sich die Flugbahn.
Ich wünsche dir viel Spaß mit deinem Flieger!

Nomen: ______________________________

____

Pronomen: ______________________________

____

Aufgabe 12

Wandle die farbigen Subjekte in ihre Grundform um. Bestimme die Wortart der Grundform und schreibe sie unten auf.

So wird man flügge

Den Vogelkindern geht es so wie den Menschenkindern:
Das **Stillsitzen** im Nest geht ganz schön auf die Nerven.
Endlich steht **Fliegen** auf dem Stundenplan.
Das **Auf und Nieder** der Flügel versetzt die „Lehrlinge" fast in einen Rausch, und aufgeregtes **Zwitschern** erfüllt die Luft.
Die Alten beschützen die Jungen, solange diese fliegen lernen.
Bald aber verlassen die **Jungen** ihre Familie. Dann gilt das harte Gesetz der Natur: Wichtiger als der gestrige Tag ist das **Heute.** Das **Überleben-Wollen** fordert die ganzen Kräfte. Nach einiger Zeit gründen die **Stärksten** unter ihnen selbst eine Familie.
Und alles beginnt wieder von vorne.

Verb: *still sitzen,* ______________________

____

Adverb: ______________________

____

Adjektiv: ______________________

____

Abschlusstest online 8

Super! Du hast das **Kapitel 8 – Prädikat und Subjekt** durchgearbeitet. Du weißt, dass die Satzaussage (Prädikat) der wichtigste Teil der Satzes ist, von dem alle anderen Bausteine abhängen. Zusammen mit dem Satzgegenstand (Subjekt) bildet es das Grundgerüst eines Satzes.

So funktioniert der Abschlusstest online:
Um deinen Lernerfolg zu überprüfen, kannst du nun die Tests online machen. Gehe auf
www.klasse5bis10.klett-lerntraining.de/8T5T
und registriere dich wie vorne im Buch beschrieben.

Welche Tests es gibt, siehst du unten in der Tabelle. Nach jedem Test bekommst du eine Auswertung.

Willst du immer im Blick haben, welche Themen du schon kannst oder was du besser nochmal wiederholen solltest? Dann notiere deine Ergebnisse aus den Abschlusstests in der Tabelle.

Mein Ergebnis im Abschlusstest – Kapitel 8

Thema	Mein Ergebnis
Prädikat	
Subjekt	

9 Objekte

9.1 Akkusativobjekt

In vielen Sätzen verlangt das Prädikat neben dem Subjekt noch eine Ergänzung, damit die Aussage des Satzes vollständig ist. Diese notwendige Ergänzung nennt man **Objekt**. Das Objekt nennt die Person oder Sache, auf die sich das Geschehen bezieht.

Eine Ergänzung des Prädikats, die im Akkusativ steht, wird **Akkusativobjekt** genannt. Du findest das Akkusativobjekt im Satz mit der Frage: **Wen oder was?**

› Meine Katze fängt eine Maus.
Wen oder **was** fängt meine Katze?
Antwort: **eine Maus** → **Akkusativobjekt**

Verben, die ein **Akkusativobjekt** verlangen, nennt man **transitive Verben**, alle anderen Verben heißen intransitive Verben.

› **transitiv**:	Öl lindert Schmerzen.	= Akkusativobjekt
intransitiv:	Ich helfe dir.	= Dativobjekt
	Ich lache.	= kein Objekt

Wandelst du einen **Aktiv-Satz** in einen **Passiv-Satz** um, ändert sich der Satzbau.

› **Aktiv**:	Meine Katze fängt **eine Maus**.
	Meine Katze fängt **zwei Mäuse**.
Passiv:	**Eine Maus** wird von meiner Katze gefangen.
	Zwei Mäuse werden von meiner Katze gefangen.

Neben Nomen und Pronomen können auch **nominalisierte Wortarten** als Akkusativobjekte verwendet werden.

› Der Mückenstich verursacht heftiges **Jucken**.	(= nominalisiertes Verb)
Ich sehe das **Gelb**.	(= nominalisiertes Adjektiv)

Aufgabe 1

Verwende die Nomen als Subjekt oder Objekt. Bilde alle Sätze, die sinnvoll sind.

Hase Hund Katze Maus	jagen verbellen	Elefant Fliege Löwe	stechen zertreten

Aufgabe 2

Streiche alle Wörter durch, die nicht als Akkusativobjekt passen.

1. Ich sehe dich / Sätze / den Honig / nicht / fern / das Rad / zwei Engel.
2. Ich höre das Plätschern des Baches / meinen Vater / die Rose.
3. Ich rieche das Knistern des Feuers / frisches Heu / Sterne / gut.
4. Ich ertaste dich / den Regenwurm / die gute Luft / den Spinat / oben.
5. Ich schmecke die Nudeln / alles Viereckige / das Rascheln.

Aufgabe 3

Verwende das jeweils zweite Wort als Akkusativobjekt. Verwende außerdem die Verben *mögen*, *lieben*, *gerne essen*.

1. Vater, saure Zitronen

   Mein Vater mag saure Zitronen besonders gern.

2. Mutter, süße Mangos

   ___

3. Schwester, blaue T-Shirts

   ___

4. Bruder, rote Socken

   ___

Aufgabe 4

Sind die farbigen Ausdrücke Subjekte (S) oder Akkusativobjekte (A)? Trage die entsprechenden Abkürzungen ein.

Neues von den Elefanten

Erwachsene Elefanten ( ) bringen **ein Gewicht von sechs Tonnen** ( ) auf die Waage. Pro Tag werden **200 kg Grünfutter** ( ) verspeist. Die Speisekarte bietet **100 verschiedene Pflanzen** ( ) an. Nach der Mittagsruhe drängt es **die Jumbos** ( ) zu den Wasserstellen. **Dickhäuter** ( ) müssen alle 24 Stunden einmal trinken. **Sie** ( ) brauchen **eine Wassermenge von 150 Litern** ( ). **Die hitzeempfindlichen Dickhäuter** ( ) benützen **das Wasser** ( ) auch zur Abkühlung ihrer sehr dünnen Haut. Erst nach einem Jahr trinken übrigens **die kleinen Elefanten** ( ) **das Wasser** ( ) wie die großen mit der Nase.

Aufgabe 5

Unterstreiche zuerst die Akkusativobjekte und notiere sie dann unten bei der richtigen Wortart.

Geheimschrift

Man benötigt eine Zwiebel oder eine Zitrone, presst sie aus und siebt sie durch. Dann taucht man einen Pinsel hinein. So bringt man die Geheimbotschaft aufs Papier. Der Empfänger muss es erwärmen. Dadurch macht er die Schrift lesbar.

Nomen: ______________________________

Pronomen: ______________________________

Aufgabe 6

Setze den Bericht in die Ich-Form.

In der Nähstube

Die Kostüme werden in der Schneiderwerkstatt gemacht. Hier werden die nackten Holzmarionetten angezogen. Zuerst wird genau Maß genommen. Dann werden die Maße auf den Stoff übertragen. Erst nach mehreren Stunden sind die Marionetten märchengerecht angezogen. Die Form wird ausgeschnitten, und dann wird das Kleid um die Marionetten gelegt. Schließlich werden die letzten Feinarbeiten erledigt und die Stoffteile festgenäht. So ist aus einem einfachen Stoff das Gewand einer Prinzessin hergestellt worden.

Die Marionettenkleidernäherin berichtet von ihrer Arbeit:
„Ich mache …"

Aufgabe 7

Setze die Wörter in die Sätze ein. Einige musst du vorher in Nomen verwandeln.

Fahrwege – knattern – Gold – reich beladenes Schiff –
jeder – wertvoll – es – krank – gestern

Piraten ahoi!

Seeräuber kennen die ____________________ von reichen Händlern und Kaufleuten sehr genau. Schon von weitem hören sie das ____________ ________________ der Segel und riechen das ____________________. Dann entern sie das ____________________. Sie töten ____________________ schleppen alles ____________________ von Bord und setzen ____________________ in Brand. Kranke lässt der Piratenkapitän zurück. Keiner wird sich wohl das ____________________ herbeiwünschen.

9.2 Genitiv- und Dativobjekt

In einigen Sätzen verlangt das Prädikat den **Dativ** oder **Genitiv** als **Objekt**.

Du findest das **Dativobjekt** im Satz mit der Frage: **Wem?**

› Paul gibt seiner Schwester das Buch.
Wem gibt Paul das Buch?
Antwort: **seiner Schwester** → Dativobjekt

Es kommt nur selten vor, zumeist noch in alten, oft umständlichen Wendungen.

Das **Genitivobjekt** findest du mit der Frage: **Wessen?**

› Er freut sich seines Lebens.
Wessen freut er sich?
Antwort: **seines Lebens** → Genitivobjekt

So unterscheidest du Akkusativ und Dativ

1. Stelle an den Satz die Frage nach dem Kasus.
   › Ich sehe **den Hund**. → Akkusativobjekt
   Wen oder **was** sehe ich?
   Dem Hund geht es schlecht. → Dativobjekt
   Wem geht es schlecht?

2. Schau auf den Artikel oder das Pronomen.
   › Ich nähere mich **dem** Hund. → Dativobjekt
   Ich füttere **den** Hund. → Akkusativobjekt

So unterscheidest du transitive und intransitive Verben

Verben, die zusammen mit einem **Akkusativobjekt** stehen, nennt man **transitive** Verben. Sie können meist das **persönliche Passiv** bilden.

Aktiv	Persönliches Passiv
› Ich füttere **den Hund**.	**Der Hund** wird von mir gefüttert.

Intransitive Verben können in der Regel **kein persönliches Passiv** bilden. Dazu gehören Verben, die ein **Dativ- oder Genitivobjekt** oder ein **Präpositionalobjekt** nach sich ziehen. Intransitive Verben können auch ganz **ohne Objekt** stehen.

Aktiv	Persönliches Passiv
› Ich gebe **dem Hund** einen Knochen.	nicht möglich: ~~Der Hund wird von wird von mir einen Knochen gegeben.~~

Aufgabe 8

Bilde sinnvolle Sätze nach dem Muster: Subjekt – Prädikat – Dativobjekt.

	drohen	ich
	glauben	du
Du	winken	Luftballon
	ähneln	Meerschweinchen
	begegnen	Tante

Du drohst mir.

Aufgabe 9

Entscheide, ob im Prädikat ein transitives oder intransitives Verb steckt. Schreibe die Infinitive der Verben heraus.

1. Anton isst am liebsten Nudeln mit Tomatensoße.
2. Sophie pflanzt eine Sonnenblume.
3. Die Schule veranstaltet ein Schulfest.
4. Sie lachen.
5. Simone wartet auf ihre Freundin.
6. Tom und Patrick spielen gerne Fußball.
7. Johanna telefoniert mit Marie.
8. Daniel löst jedes Rätsel.
9. Paul schreibt eine Nachricht.
10. Lucy joggt jeden Abend.
11. Die Bio-AG fällt morgen aus.
12. Jana sammelt am Meer Muscheln und Steine.

transitive Verben: ____________________

____

intransitive Verben: ____________________

____

Aufgabe 10

Bestimme jeweils den Kasus des Wortes „Gold“. Benutze die Abkürzungen N (= Nominativ), D (= Dativ), A (= Akkusativ).

Gold ( ) ist ein wichtiges Heilmittel. Man hängt **Gold** ( ) Kindern um den Hals, so macht es Gift unwirksam. **Gold** ( ) wohnt allerdings auch eine schädliche Kraft inne: **Gold** ( ) schadet dem Eierlegen der Hühner. Du wendest die Gefahr auf diese Weise ab: **Gold** ( ) abwaschen und die Tiere mit dem Wasser besprengen. **Gold** ( ) mit Honig gekocht, brauchen auch Leute mit Verdauungsschwierigkeiten. Manche schreiben **Gold** ( ) noch eine andere Wirkung zu: Es bringt Warzen zum Verschwinden. **Gold** ( ) kannst du auch reinigen: Du röstest das **Gold** ( ) mit zwei Teilen Salz und einem Teil Schiefer.

Aufgabe 11

Setze die Pronomen und Artikel in der richtigen grammatischen Form ein. Gib an, ob es sich um ein Dativ- oder ein Genitivobjekt handelt.

1. Sebastian ist sich ________ (sein) Sache ganz sicher. ________
2. Ina zeigt ________ (die) Touristen den Weg zum Museum. ________
3. Natürlich leihe ich ________ (dich) mein Handy. ________
4. Die neuen Fisch-Snacks schmecken ________ (unser) Hund nicht. ________
5. Sie gedenken ________ (die) Opfer. ________
6. Lena und Tom helfen ________ (ihr) Opa bei der Gartenarbeit. ________

Aufgabe 12

Vermeide die umständlichen Genitivobjekte. Verwende dazu die vorgeschlagenen Ersatzverben.

abgewöhnen – ausziehen – brauchen
ergreifen – erwarten – gebrauchen – haben – zurückweisen

Umständliche Vorbereitungen für den Unterricht

1. Ich entledige mich unter großer Anstrengung meines Mantels.

____

2. Ich entwöhne mich gezwungenermaßen des Kopfhörers.

____

3. Ich harre geduldig der göttlichen Eingebung.

____

4. Ich bemächtige mich wieder meines Kopfhörers.

____

5. Ich bedarf dringend der inneren Ruhe.

____

6. Ich erwehre mich deshalb der Frage des Lehrers.

____

7. Ich bediene mich dazu einer gepflegten Ausdrucksweise:

____

8. „Ich bin – was das kleine Einmaleins betrifft – anderer Meinung als Sie, mein verehrter Meister der Mathematik."

____

____

9.3 Präpositionalobjekt

Einige Verben verlangen ein Objekt, das von einer Präposition abhängt. Man spricht in diesen Fällen von einem **Präpositionalobjekt**.

Ein Präpositionalobjekt kann im **Dativ** oder im **Akkusativ** stehen. Du erfragst den Kasus zusammen mit der jeweiligen Präposition.

› Nele schickt eine Nachricht **an Jara**.
An wen schickt Nele eine Nachricht?
Antwort: **an Jara**. → Präpositionalobjekt im Akkusativ

Einige Verben können mit verschiedenen Präpositionen zusammenstehen. Dabei ändert sich die Bedeutung des Verbs.

› Ich arbeite **an meiner Zeichnung**.	(Ich beschäftige mich mit meiner Zeichnung.)
Ich arbeite **für Geld**.	(Ich bekomme Geld für meine Arbeit.)

Das Präpositionalobjekt tritt auch gemeinsam mit einem anderen Objekt, vor allem mit dem Akkusativobjekt auf.

› Die Polizei durchsucht	**das Gebäude**	**nach dem Dieb**.
	Akkusativobjekt	Präpositionalobjekt

Aufgabe 13

Notiere die Verben im Infinitiv mit den dazugehörenden Präpositionen.

Tipps für die Schönheit

Viele Menschen vertrauen auf die Wirkung der Natur. Am besten fängt man mit einem erholsamen Bad an. Denn zur Entspannung gehört auch viel Ruhe. Ihre Hautcreme sollte aus reinem Öl bestehen. Warme Bader mit Latschenkieferextrakt sorgen für gesunde Füße. Bei der Schönheitspflege sollten Sie außerdem auf Qualität achten.

Aufgabe 14

Ergänze in den Lücken den Kasus der Präpositionalobjekte.

Tipps für den Alltag

Ärgern Sie sich nicht **über Fischgeruch** (   ) in der Küche!

Spülen Sie das Geschirr kalt ab und vertrauen Sie **auf den frischen Zitronenduft** (   ).

Gehen Sie **mit Kräutern** (   ) sorgsam um!

Freuen Sie sich **auf leckeren Kuchen** (   )! Greifen Sie ruhig **nach der Zuckerdose** (   ).

Plagen Sie sich nicht **mit zähem Knabbergebäck** (   ) ab!

Manche schwören **auf einen einfachen Trick** (   ): Vor dem Verzehr kurz in den Backofen!

Aufgabe 15

Bilde aus den vorgegebenen Wörtern jeweils zwei Sätze in der Ich-Form und schreibe sie auf. Unterstreiche in deinen Sätzen alle Präpositionalobjekte.

1. heben – sich abheben – schwere Gewichte – mein Bruder
   – *Ich hebe schwere Gewichte.*
   – *Ich hebe mich von meinem Bruder ab.*
2. hören – aufhören – das Zwitschern der Vögel – die Arbeit
3. brechen – ausbrechen – das Gefängnis – der Stab
4. halten – sich halten – der Dieb – dein Ratschlag
5. nehmen – zunehmen – beim Frühstück viel Zucker – Gewicht
6. einstellen – mich einstellen – die Uhr – die Arbeit
7. hüten – sich hüten – die Schafe – wilde Tiere
8. drücken – sich drücken – die Arbeit – die Daumen

Aufgabe 16

Ersetze die farbigen Prädikate im Text durch sinnähnliche Verben. Dabei ändert sich der Kasus der Objekte.

streben nach | stoßen auf | forschen nach | aufhören mit | trauern | achten auf | denken an | sich bei jemandem erkundigen

Auf Goldsuche

Auf der ganzen Welt **erstrebt** man das Gold. Schon vor Jahrhunderten **suchten** viele Abenteurer in den Bergen das wertvolle Metall. Sie **befragten** alle Leute und **beachteten** jeden Stein. Denn schon in der obersten Erdschicht **fanden** manche häufig kleine Goldkörner. Selbst in der Nacht **beendeten** sie nicht ihre mühevollen Arbeiten. Leider **bedachten** sie nicht die Folgen. Oft stürzten die unterhöhlten Berge ein und man musste viele Opfer **betrauern**.

Abschlusstest online 9

Glückwunsch! Du hast das **Kapitel 9 – Objekte** durchgearbeitet.
Du weißt jetzt, dass das Objekt eine Ergänzung zum Prädikat ist. Außerdem kannst du jetzt verschiedene Objekte unterscheiden: Akkusativ-, Genitiv-, Dativ- und Präpositionalobjekt.

So funktioniert der Abschlusstest online:
Um deinen Lernerfolg zu überprüfen, kannst du nun die Tests online machen. Gehe auf
www.klasse5bis10.klett-lerntraining.de/8T5T
und registriere dich wie vorne im Buch beschrieben.

Welche Tests es gibt, siehst du unten in der Tabelle. Nach jedem Test bekommst du eine Auswertung.

Willst du immer im Blick haben, welche Themen du schon kannst oder was du besser nochmal wiederholen solltest? Dann notiere deine Ergebnisse aus den Abschlusstests in der Tabelle.

Mein Ergebnis im Abschlusstest – Kapitel 9

Thema	Mein Ergebnis
Das Akkusativobjekt	
Genitiv- und Dativobjekte	
Präpositionalobjekte	

10 Adverbialbestimmung und Attribut

10.1 Adverbialbestimmung

Die **Adverbialbestimmung** (auch: das **Adverbiale**, die **Adverbialien**) ist ein Satzglied. Sie bestimmt die Umstände einer Handlung, eines Vorgangs oder eines Zustands genauer. Man nennt sie deshalb auch **Umstandsangabe**.

So werden Adverbialbestimmungen gebildet

Folgende Wortarten kommen als Adverbialien vor:

- **Adverb**: **Jetzt** beginnt die Fahrt in der Geisterbahn.
- **Adjektiv**: Klammere dich **ganz** fest an deinen Mitfahrer! (nicht dekliniert und unveränderlich)
- **Präposition + Nomen**: Und nun hinein **ins Vergnügen**!

Die verschiedenen Bedeutungen der Adverbialbestimmung

Adverbialien lassen sich nach ihrer Bedeutung unterscheiden. Merke dir vor allem diese vier Sinnrichtungen.

1. Die **temporalen** Adverbialien machen Angaben zu den **zeitlichen Umständen**. Sie antworten auf die Fragen: Wann? Wie lange? Seit wann?
   › **Wann** geht Max ins Training? **Jeden Donnerstag**.
2. Die **lokalen** Adverbialien erläutern die Umstände **des Ortes und des Raumes.** Sie werden erfragt mit: Wo? Wohin? Woher?
   › **Wo** wohnt Max? **In Stuttgart**.

3. Mit den **kausalen** Adverbialien machst du klar, **weshalb** etwas geschieht oder ist. Du benennst auf diese Weise Grund und Ursache oder auch die Voraussetzungen und Bedingungen eines Geschehens oder Zustands.
   Du erfragst sie mit: Warum? Wieso? Weshalb? Unter welchen Bedingungen?
   › **Warum** nahm Max nicht am Ausflug teil? **Wegen einer Verletzung**.

4. Die **modalen** Adverbialien beschreiben die Begleitumstände. Sie geben z.B. an, in welchem **Zustand** oder in welcher **Stimmung** etwas getan wird, in welchem **Ausmaß** etwas vorhanden ist.
   Du fragst: Wie? Unter welchen Umständen? In welchem Ausmaß?
   › **Wie** hat euch das Essen geschmeckt? **Sehr gut**.

In einem Satz können auch mehrere Adverbialbestimmungen vorkommen.
› Der Flohmarkt, der **jeden Samstag** (temporal) **auf der großen Festwiese** (lokal) stattfindet, ist **sehr** (modal) beliebt.

Adverbialien gleicher Sinnrichtung lassen sich miteinander austauschen. Durch Wörter wie **danach, deshalb, davor** kannst du ganze Wortgruppen ersetzen.

› lokale Sinnrichtung:	Hinter der Felsentür	liegt ein Schatz.
	Dahinter	liegt ein Schatz.

Nicht jede Wortgruppe mit einer Präposition ist eine adverbiale Bestimmung. Sie kann auch ein Präpositionalobjekt sein. Folgender **Trick** hilft dir bei der Unterscheidung:

- Bei der Adverbialbestimmung ist die Präposition nicht mit dem Verb verbunden und kann deshalb ausgetauscht werden.
  › Ich tanze **nach dem Essen**/**danach**. (= Adverbialbestimmung)
- Beim Objekt ist die Präposition fest mit dem betreffenden Verb verbunden und kann durch keine andere ersetzt werden.
  › Ich warte **auf dich**. (= Präpositionalobjekt)

Aufgabe 1

Hier wurden die Adverbialbestimmungen vertauscht. Schreibe die Sätze richtig auf.

Da stimmt was nicht!

Heute wurde Amerika von Christoph Kolumbus entdeckt. **Ganz gefahrlos** landete er **in seinem Bordtagebuch. Im Jahre 1492** kannst du **auf der Insel San Salvador** die spannenden Abenteuer dieses berühmten Seefahrers **unter Lebensgefahr** miterleben.

____

____

____

____

Aufgabe 2

Bestimme die Sinnrichtungen der farbigen Adverbialien und ordne sie unten richtig ein.

Ein ungewöhnlicher Wandertipp

Nur **ungern** fährt man mit dem Auto über die **Alpen**. **Mal** flutet der Ferienverkehr **in Richtung Italien, mal** verstopfen die Rückreisenden die Straßen. **Vielleicht** wird **deshalb** eine andere Art der Alpenüberquerung **wieder** modern: **zu Fuß** auf alten Saumpfaden von Bayern nach Italien. **Vier Wochen** ist ein geübter Wanderer bis nach Venedig unterwegs. Die meisten tun's **auf eigene Faust** – **mit dem Rucksack** auf dem Buckel. Man sollte sich **rechtzeitig** vor Wintereinbruch auf den Weg machen.

lokal: ______________________________

temporal: ______________________________

modal: ______________________________

kausal: ______________________________

Aufgabe 3

Unterstreiche in den Werbeanzeigen die kausalen Adverbialien.

Durch die deutlich gesenkten Preise kommen Sie jetzt mit der Fähre billiger nach Korsika!

Kenner aus aller Welt schätzen unser Tafelwasser wegen des unnachahmlich frischen Geschmacks.

Zu Ihrer Bequemlichkeit haben wir unsere Busse mit Liegesitzen ausgestattet.

Unsere Pralinen sind dank eines alten Geheimrezepts „in aller Munde".

Für Ihr Wohlbefinden nehmen Sie am besten täglich zwei unserer bewährten Knoblauchpillen.

Aufgabe 4

Ersetze die hervorgehobenen Wortgruppen im Text durch passende Bestimmungen aus der Liste.

früher – danach – später – heute –
leider – überall – woanders – dadurch

Die Geschichte der Kiefer

Vor mehr als 10 000 Jahren besiedelte die Kiefer die Kältesteppen. **In den darauf folgenden Jahrhunderten** breitete sie sich schnell **über alle Länder** aus. **Nach einiger Zeit** wurde sie **zum Bedauern der Förster** durch die Laubbäume aus dem Wald verdrängt. Aber die Kiefer kann auch **auf schlechten Böden** überleben. Sie hat sehr tiefe Wurzeln. **Durch diesen Vorteil** gibt es die Kiefer auch **in unseren Tagen** noch.

Aufgabe 5

Mach aus dem Alltag ein Urlaubsparadies, indem du die modalen Adverbialien ins Gegenteil umwandelst.

So ist es im Alltag

Mit unangenehmer Dudelmusik beginnt der Tag. Ganz schnell stehe ich auf. Unausgeruht gehe ich ins Bad und dusche mich ohne ein Lied auf den Lippen. In aller Eile ziehe ich mich an. Mein Frühstück nehme ich im Stehen ein. Schlecht gelaunt trete ich auf die Straße. Alle Menschen blicken mich unfreundlich an. (Ach, wenn nur schon Urlaub wäre!)

So ist es im Urlaub … ______________________________

____

____

____

____

____

____

____

Aufgabe 6

Ergänze jeweils die Sinnrichtung der adverbialen Bestimmungen.

Soll ich **aufgrund meiner Lernunlust** (______) und um der Verbesserung **meiner Laune willen** (______) **nachher** (______) **ins Kino** (______) gehen und mich **gut** (______) unterhalten lassen?

Oder soll ich **wegen des Tests** (______) **zuerst** (______) fürs gemeinsame Üben meine Freunde **zu mir** (______) einladen, um **besser** (______) vorbereitet zu sein?

10.2 Attribut

Das **Attribut** ist eine Beifügung zu einem Satzglied und bestimmt es genauer. Es ist **kein selbstständiges Satzglied,** weil es mit seinem Satzglied fest verbunden ist und nicht von ihm getrennt werden darf. Ein Attribut ist deshalb nur ein Satzgliedteil.
Das Wort, das näher bestimmt wird, nennt man **Bezugswort**. Das Attribut kann vor oder auch nach dem Bezugswort stehen.

Attribute findest du leicht durch die **Umstell-** bzw. **Verschiebeprobe** heraus. Das Attribut kann immer nur zusammen mit seinem Bezugswort im Satz verschoben werden.

› Ben freut sich über seinen **dunkelbraunen** Hund.
  Über seinen **dunkelbraunen** Hund freut sich Ben.

Das Attribut gehört meistens zu einem Nomen. Wir unterscheiden

- **Adjektivattribut**: ein **dunkelbrauner** Hund

Das Nomen als Attribut erscheint meist im Genitiv. Es kann aber auch mit einer Präposition angeschlossen werden.

- **Genitivattribut**: das dunkelbraune Fell **des Hundes**
- **Attribut mit Präposition**: ein Hund **aus einem Tierheim**

Als Attribute kommen außerdem vor:

- Adverb: bei den Menschen **dort**
- Verb (im Infinitiv): die Freude, **herumzuspringen**
- Pronomen: ohne **irgendeine** Ahnung

Ein Bezugswort kann auch mehrere Attribute haben.

› der **dunkelbraune** Hund **unseres Nachbarn**

Eine besondere Form des Attributs ist die **Apposition**. Sie ist eine zusätzliche Erläuterung, die im gleichen Kasus wie das Bezugswort steht. Die Apposition ist durch Kommas von ihrem Bezugswort getrennt.

› Ben, **unserem Sohn**, gelang es nicht, den Hund an die Leine zu nehmen.

Aufgabe 7

Führe die Umstellprobe durch. Markiere anschließend die Attribute und ihre Bezugswörter.

1. Zu den wertvollsten Edelsteinen der Welt gehören die Diamanten.

   Die Diamanten

2. Früher wurden ihnen sogar magische Kräfte nachgesagt.

   Sogar

3. Die besonders harten Diamanten kannten schon die alten Römer.

   Schon

4. Auch durch die Macht des Feuers kann die außerordentliche Härte des Diamanten nicht besiegt werden.

   Die

Aufgabe 8

Wandle die Attribute, die hinter dem Nomen stehen, in Adjektive um.

Eine originelle Einladung

Der Feinschmecker **von heute** will mit einem Essen **voll Fantasie** verwöhnt werden. Machen Sie deshalb Ihre Einladung **am Abend** zu einem Ereignis. Beginnen Sie mit einer scharfen Suppe **aus Indien.** Überraschen Sie Ihre Gäste dann mit deftigen Spezialitäten **aus Deutschland:** mit leckerem Schinken **aus Westfalen** oder schwäbischen Maultaschen **mit Füllung.** Zum Abschluss empfehlen wir eine besondere Eisbombe: Auf dem Boden der Schale **aus Glas** liegt ein Gutschein für ein Essen **erster** Klasse an einer Würstchenbude **mit Gemütlichkeit!** Diesen Gag werden Ihre Gäste **ohne Einfälle** sicher nicht vergessen.

Der heutige Feinschmecker …

Aufgabe 9

Unterstreiche die Attribute und ordne sie richtig in die Tabelle ein.

Efeu

Efeu wächst auf frischen, nährstoffreichen Böden und rankt sich an den Stämmen der Bäume hoch. Aus seinem Stiel bildet er kleine Wurzeln. Mit ihnen hält er sich an den Rinden der Bäume fest. Bei zunehmendem Alter ändert er die Form seiner Blätter. Die alten Griechen weihten Efeukränze dem Gott des Weines. Der Efeu ist eine immergrüne Pflanze. Aus diesem Grund legten die frühen Christen ihre Toten auf abgeschnittene Efeuzweige. Sie galten als Sinnbild der Unsterblichkeit der Seele.

Adjektivattribut	Genitivattribut

Aufgabe 10

Ergänze die angegebenen Attribute sinnvoll.

afrikanischen – auf ihrem Pelz – des Tigers – dunklen – gestreifte – hungrigen – ohne deutliches Muster – ohne Fellzeichnung – schwarzen

Im Pflanzendickicht ist die Gestalt ______________________ mit ihren ______________________ Streifen auf dem gelben Grund kaum zu erkennen. Das ______________________ Zebra ist in den Steppen schwerer zu erkennen als das ungestreifte Gnu.

In einer Landschaft ______________________, z. B. in einer Schneelandschaft, findet man häufig Tiere ______________________. Mit ______________________ Flecken oder auffälligen Streifen ______________________ würden sie von ihren Feinden schnell entdeckt werden.

Aufgabe 11

Suche alle Satzglieder, die durch ein Attribut genauer bestimmt werden. Ordne jedes Satzglied zusammen mit seinem Attribut unten richtig ein.

Aus einem altindischen Text

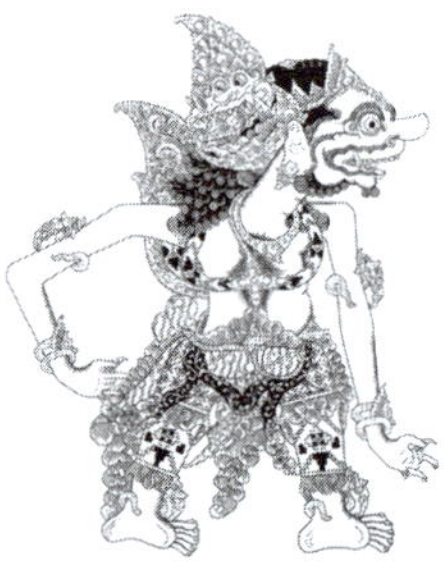

Hiranyakasipu hatte nicht nur einen goldglänzenden Körper, sondern besaß auch alle erdenklichen Reichtümer. Er ließ sich sogar im prachtvollen Palast des Himmelskönigs Indra nieder. Die Stufen aus Korallen in diesem Palast blendeten das Auge, und den mit Smaragden verzierten Fußboden bedeckten prächtige Teppiche. Das seidene, perlenverzierte Bettzeug war über alle Maßen schön. Die Damen des Palastes spazierten unter dem melodischen Klang der Fußglöckchen im weiträumigen Palast hin und her und betrachteten ihr eigenes Spiegelbild in glitzernden Edelsteinen.

Subjekt: ____

____

Objekt: ____

____

Adverbiale: ____

____

Aufgabe 12

Bilde Appositionen: Wähle den passenden Artikel aus und ergänze ihn in der richtigen grammatischen Form.

1. Der Gepard, ____________ (der, die, das) schnellste Landtier der Welt, erreicht eine Geschwindigkeit von über 100 Kilometer pro Stunde.
2. Eine Lasagne, ____________ (der, die, das) leckeren italienischen Nudelauflauf, isst jeder gern.
3. Lenas Hund, ____________ (ein, eine) frecher kleiner Dackel, geht nicht gerne an der Leine.

Abschlusstest online 10

Super! Du hast das **Kapitel 10 – Adverbialbestimmung und Attribut** durchgearbeitet.
Du hast gelernt, dass Adverbialbestimmungen die Umstände einer Handlung, eines Vorgangs oder Zustandes genauer bestimmt. Du weißt auch, welche Wortarten als Adverbialien vorkommen. Außerdem hast du erfahren, dass das Attribut ein Satzglied näher bestimmt.

So funktioniert der Abschlusstest online:
Um deinen Lernerfolg zu überprüfen, kannst du nun die Tests online machen. Gehe auf
www.klasse5bis10.klett-lerntraining.de/8T5T
und registriere dich wie vorne im Buch beschrieben.

Welche Tests es gibt, siehst du unten in der Tabelle. Nach jedem Test bekommst du eine Auswertung.

Willst du immer im Blick haben, welche Themen du schon kannst oder was du besser nochmal wiederholen solltest? Dann notiere deine Ergebnisse aus den Abschlusstests in der Tabelle.

Mein Ergebnis im Abschlusstest – Kapitel 10

Thema	Mein Ergebnis
Adverbiale Bestimmungen	
Das Attribut	

11 Hauptsätze

11.1 Was ist ein Hauptsatz?

Hauptsätze erkennst du daran, dass sie von keinem anderen Satz abhängen und sinnvoll alleine stehen können. Man unterscheidet drei Arten von Hauptsätzen. Die Art des Hauptsatzes richtet sich danach, was du beim Leser (oder Hörer) erreichen willst.

1. **Aussagesatz**
   Mit einem Aussagesatz kannst du etwas darstellen, erzählen, berichten, du kannst Informationen geben oder Feststellungen treffen. Der Aussagesatz endet mit einem **Punkt**.

   › Wir gehen morgen ins Schwimmbad.

2. **Aufforderungssatz** (**oder Befehlssatz**)
   Mit einem Aufforderungssatz sprichst du Befehle, Bitten, Vorschläge oder Forderungen an eine andere Person aus. Am Ende eines Aufforderungssatzes steht in der Regel ein **Ausrufezeichen**.

   › Vergiss deinen Schlüssel nicht!

3. **Fragesatz**
   Einen Fragesatz verwendest du, wenn du von einem anderen etwas erfahren willst. Die Antwort kann aus einem einzelnen Wort, einem Satz oder auch mehreren Sätzen bestehen. Den Fragesatz schließt du mit einem **Fragezeichen** ab.

   › Leihst du mir dein Fahrrad?
   Antwort: Ja.
   Wie komme ich zum Rathaus?
   Antwort: Du biegst rechts in die Kastanienallee ein und fährst dann bis zur nächsten Kreuzung. Das rote Backsteingebäude, das du dort siehst, ist das Rathaus.

11.2 Aussagesatz

Der **Aussagesatz** ist die häufigste und einfachste Satzart. Mit ihm kannst du etwas **feststellen**, **erzählen**, **berichten**, **darstellen** oder **mitteilen**. Das Satzschlusszeichen ist der **Punkt**.

In einem Aussagesatz steht das Prädikat an zweiter Stelle. Bei einem mehrteiligen Prädikat befindet sich nur der finite (= konjugierte) Teil an der zweiten Stelle. Der infinite (= nichtkonjugierte) Teil steht am Ende und schließt dadurch den Satz ab.

› Ich **zeige** dir ein Foto**.**
  Ich **werde** dir ein Foto **zeigen.**

Aufgabe 1

Bilde Aussagesätze zu den Fragen und verwende dabei die Antwort.

Aus einem Sprachführer

Wo kommt der Zug an?	auf Bahnsteig 22
Der Zug kommt auf Bahnsteig 22 an.	
Wie viel kostet ein Brötchen?	40 Cent
Woher kommen Sie?	aus Berlin
Wann ist das Museum geschlossen?	am Montag
Wie komme ich zum Bahnhof?	zu Fuß
Wie lange gilt der Fahrschein?	zwei Stunden lang
Wohin fährt der Bus?	zum Marktplatz

11.3 Aufforderungssatz

Der **Aufforderungssatz** (oder **Befehlssatz**) richtet sich direkt an eine andere Person. Du versuchst mit einem Aufforderungssatz zu erreichen, dass sich der andere so verhält, wie du es willst.

Form und Gebrauch des Aufforderungssatzes

Das Prädikat steht in der **Imperativform** und am Satzanfang.
› Nimm bitte den Milchtopf vom Herd!

Meistens fehlt in Aufforderungssätzen ein ausdrückliches Subjekt. Weil die Aufforderung an eine bestimmte Person gerichtet ist, wird aus dem Zusammenhang klar, wer gemeint ist.

So kann eine Aufforderung gemeint sein:

- als **Befehl** oder **Anweisung** — Schalte endlich dein Handy aus!
- als **Empfehlung** oder **Warnung** — Iss lieber nicht so viel Zucker!
- als **dringender Wunsch** — Nimm bitte die Milch vom Herd!

Aufforderungssätze enden mit einem **Ausrufezeichen**. Bei Wünschen oder Hinweisen genügt oft auch ein Punkt.

Manche **Aussagesätze** werden durch ein **Ausrufezeichen** betont. Sie sind Ausrufesätze, aber keine echten Aufforderungssätze. Dies erkennst du an der Stellung des Prädikats.

› Pass auf die Milch auf!	(Prädikat an 1. Stelle = Aufforderung)
Jetzt hast du nicht aufgepasst!	(Prädikat an 2. Stelle = Ausruf)

Beachte:
In manchen Aufforderungssätzen wird das Subjekt genannt, z. B. bei Aufforderungen:

- an eine Person, die mit „Sie" angesprochen wird (Höflichkeitsform).
  › Verlassen Sie sofort meine Wohnung!
- an eine Gruppe, zu der der Sprecher selbst gehört.
  › Gehen wir nach Hause. Lasst uns nach Hause gehen!
- an eine Person, die besonders hervorgehoben ist.
  › Geh du nur ins Kino! Ich bleibe zu Hause.

Aufgabe 2

Entscheide, welche der folgenden Kurzsätze echte Aufforderungssätze sind. Unterstreiche sie.

1. Achtung! Steht still!
2. Augen rechts! Hände auf den Tisch!
3. Rührt den Vanillepudding! Esst langsam!
4. Abtreten zum Spülen! Spült das Geschirr!

Aufgabe 3

Welches Nomen könnte auch der Imperativ eines Verbs sein? Setze dahinter ein Ausrufezeichen.

Fahrt ___ Falle ___ Fische ___ Fracht ___

Kerne ___ Klage ___ Kreise ___ Küsse ___

Sätze ___ Schätze ___ Schneide ___ Sprache ___

Aufgabe 4

Wandle die Aussagesätze in Befehlssätze um.

1. Ich gehe vom Mittelpunkt hundert Schritte nach unten.
2. Ich mache eine Vierteldrehung nach links und gehe in dieser Richtung ebenfalls 100 Schritte weit.
3. Ich wiederhole dies zweimal.
4. Ich mache drei Vierteldrehungen nach rechts.
5. Ich bewege mich 70 Schritte nach vorne.
6. Ich vollführe eine Vierteldrehung nach rechts und marschiere nochmals 70 Schritte nach vorne.
7. Ich bleibe stehen und betrachte mein Kunstwerk.

Was habe ich gezeichnet? ______________________________

Aufgabe 5

Bilde Aufforderungssätze.

Wir kochen zusammen Milchreis (**nach einem 100 Jahre alten Rezept**)

An Max, deinen Bruder:
einen Topf holen – ihn halb voll mit Wasser füllen – das Wasser zum Kochen bringen

An Lena, deine Freundin:
das kochende Wasser über den Reis gießen – ihn in 1 Liter guter Milch mit etwas Salz leise kochen – dabei häufiger umrühren

An Max und Lena:
in der letzten Viertelstunde 50 g Butter und zwei Esslöffel Zucker hinzufügen – den Reis beim Anrichten dick mit Zucker und Zimt bestreuen

An Max, Lena und dich selbst:
an den Tisch setzen – die Köstlichkeit ganz langsam genießen

Aufgabe 6

Weigere dich, der Werbung zu folgen, und sage das Gegenteil.

1. Treiben Sie Sport!

   Ich will keinen Sport treiben. ______

2. Entwickeln Sie eine gut aussehende, athletische V-Form!

   ______

3. Formen Sie eine schmale Taille!

   ______

4. Packen Sie neue Kraft in Schultern und Rücken!

   ______

5. Wählen Sie Ihr persönliches Fitness-Programm!

   ______

6. Testen Sie die Kraftmaschine Superman 14 Tage lang!

   ______

Aufgabe 7

Hier sind die Imperative vertauscht. Schreibe die Ratschläge richtig auf.

1. Blas auf die Suppe, bevor du sprichst!
2. Gib Acht, bevor du nass wirst!
3. Roll die Zunge siebenmal, bevor du sie isst!
4. Hol dir einen Schirm, wenn du den Übergang nicht kennst!
5. Überquer den Strom nicht, wenn du den Kopf neigst!
6. Schau, bis du das andere Ufer erreicht hast!

Aufgabe 8

Formuliere Aufforderungen für die Besucher eines Erholungsgebietes.

Das ist verboten:
das Rauchen *Rauchen Sie nicht!*
das Parken auf unbefestigten Plätzen wie Feldwegen oder Wiesen
das Abstellen von Anhängern an Uferabschnitten
das Befahren von Vogelschutzgebieten
das Ankern in der Nähe von Laichplätzen
das Missachten von Verbots- und Gebotsschildern

Aufgabe 9

Ergänze die Aufforderungssätze mithilfe der angegeben Verben.

Schokokuss-Torte

Du brauchst 1 Packung Schokoküsse.

Trenne (trennen) die Waffelböden von den Schokoküssen und ______ (legen) sie zur Seite. ______ (verrühren) dann die Schokokussfüllung mit 500 g Quark und einem Päckchen Vanillezucker. ______ (geben) evtl. etwas Milch dazu, damit die Masse nicht so fest wird. ______ (verteilen) die Mischung auf einem Tortenboden. ______ (dekorieren) die Torte zum Schluss mit den Waffelböden. Guten Appetit!

11.4 Fragesatz

Mit einer **Frage** willst du von einem andern etwas erfahren, was du selbst nicht weißt, aber gerne wissen möchtest. Man unterscheidet direkte und indirekte Fragesätze.

Direkte Fragesätze

Direkte **Fragesätze** gehören zu den **Hauptsätzen**. Sie enden immer mit einem **Fragezeichen**. Es gibt zwei verschiedene Arten von direkten Fragen: die Ergänzungsfrage und die Entscheidungsfrage.

1. Die **Ergänzungsfrage** (auch: Satzfrage)

   Du verlangst vom andern eine Auskunft, weil du über etwas nicht vollständig Bescheid weißt. Die Antwort informiert dich über Personen, Sachen oder Sachverhalte. Sie besteht meist aus mehreren Wörtern oder einem ganzen Satz.

   › **Was** brauche ich fürs Schwimmbad heute **?**
   Du brauchst ein Handtuch, Flossen und Geld.

   Eine Ergänzungsfrage beginnt immer mit einem **Fragewort**. Fragewörter sind

   - Pronomen, die dekliniert werden können.
     › **Wer** geht mit ins Schwimmbad **?**
     Mit **wem** gehst du ins Schwimmbad **?**
   - Adverbien, die sich nicht verändern.
     › **Weshalb**/**wann**/**wohin** gehst du zum Schwimmen **?**

   Bei der Ergänzungsfrage steht das Prädikat – wie in einem Aussagesatz – an **zweiter** Stelle.

   › **Wann** **kommst** du nach Hause **?**

2. Die **Entscheidungsfrage** (auch: Wortfrage)

   Du stellst deine Frage so, dass der andere sie bejahen oder verneinen kann. Er entscheidet sich für eine der beiden Möglichkeiten. Die Antwort besteht meist aus einem „Ja“ oder „Nein“. Dazwischen liegen Antworten wie „vielleicht“, „weiß nicht“, „kommt darauf an“.

   › **Kommst** du mit ins Schwimmbad **?**
   Ja gerne/noch nicht/wenn möglich/nein.

   Die Entscheidungsfrage hat, im Unterschied zur Ergänzungsfrage, **kein Fragewort**. Das Prädikat steht – wie in einem Aufforderungssatz – an **erster** Stelle.

   › **Kommst** du heute Abend nach Hause **?**
   Gehen wir morgen skaten **?**

   Aus einer einfachen Entscheidungsfrage wird eine Wahlfrage, wenn du dem anderen zwei Möglichkeiten zur Auswahl anbietest.

   › Kommst du heute **oder** morgen **?** Morgen.

Indirekte Fragesätze

Ein indirekter Fragesatz ist immer ein Nebensatz.

- Er hängt von einem Verb mit der Bedeutung „fragen“, „nicht wissen“ usw. ab.
- Das Prädikat steht – wie in jedem Nebensatz – am Ende.
- Nach einem indirekten Fragesatz steht ein Punkt, kein Fragezeichen.
- Die indirekte Satzfrage beginnt mit der Konjunktion „ob“.

Direkter Fragesatz	**Indirekter Fragesatz**
Wann kommst du?	Ich **frage** dich, wann du **kommst.** Ich weiß nicht, wann ich komme.
Kommst du morgen?	Ich **frage** dich, **ob** du morgen **kommst.** Ich weiß nicht, ob ich morgen komme.

Aufgabe 10

Verbinde Fragen mit den passenden Antworten.

Kostenlose Auskünfte

1. Wie viel Uhr ist es?
2. Können Sie mir ein Eurostück wechseln?
3. Hast du Lust auf ein Eis?
4. Wo finde ich das Deutsche Museum?
5. Fahren wir mit der U-Bahn oder gehen wir zu Fuß?
6. Wann haben die Museen geschlossen?
7. Möchtest du auf dem Land oder lieber in der Stadt leben?

In der Stadt.

Zu Fuß.

10 vor 12.

Auf einer Insel.

Leider nein.

Ja immer.

Am Montag.

Aufgabe 11

Kreuze an, um welche Art von Frage es sich handelt.

	Entscheidungsfrage	Ergänzungsfrage
1. Hast du deinen Schlüssel gefunden?	☐	☐
2. Kommst du auch zum Gartenfest?	☐	☐
3. Was schenkst du Lisa zum Geburtstag?	☐	☐
4. Wie viel kostet ein Bahnticket von Stuttgart nach Mannheim?	☐	☐
5. Hilfst du mir beim Aufräumen?	☐	☐
6. Wann öffnet der Laden?	☐	☐
7. Kommst du im Sommer mit zum Zelten?	☐	☐

Aufgabe 12

Ordne die Fragen den entsprechenden Antworten zu.

Scharfes Verhör

Was haben Sie getan?	Nicht zu Hause.
Haben Sie die Gummibärchen gestohlen?	Ich habe mir einen Film angesehen.
Hat Sie jemand dabei gesehen?	Einen Tierfilm.
Wann war die Vorstellung zu Ende?	Das weiß ich nicht genau.
Wo waren Sie gestern Abend?	Um 22 Uhr.
Haben Sie ein Taxi oder die Straßenbahn benutzt?	Ein Taxi.
Welchen Film haben Sie sich angeschaut?	Bei meinem Ehrenwort: Nein!

Aufgabe 13

Verwandle die Feststellungen in entsprechende Fragesätze und gib das gesuchte Wort an.

Du kannst das auch im Wettbewerb mit anderen spielen.

1. Dieses **E** wächst in der Heide und ist ein Mädchenname.

   Welches E wächst in der Heide und ist ein Mädchenname? Erika

2. Dieses **E** findest du bei einem Grautier und in deinen Büchern.

   ____

3. Dieses **B** wechselt Geld und man kann darauf sitzen.

   ____

4. Dieses **K** haben Hühner am Kopf und Menschen in der Tasche.

   ____

5. Über dieses **N** freut sich der Musiker, der Schüler aber nicht immer.

   ____

Aufgabe 14

Witze bestehen oft aus einer Frage und einer unerwarteten Antwort. Sortiere die Antworten zu den passenden Fragen.

Amerika – ein seltsames Land

1. „Hattest du in England Schwierigkeiten mit deinem Englisch?"
   „Ich habe mir meine Amerikareise aus dem Kopf geschlagen."
2. „Weißt du, warum die Amerikaner eine andere Uhrzeit haben?"
   „Ich nicht, aber die Engländer."
3. „Warum hast du einen Verband um den Kopf?"
   „Ja. Und in manchen Jahren scheint sie noch häufiger."
4. „Scheint in Florida wirklich an 365 Tagen die Sonne?"
   „Natürlich. Amerika wurde doch viel später entdeckt!"

Aufgabe 15

Erfrage die farbigen Ausdrücke.

1. Kolumbus hat **1492** einen neuen Erdteil entdeckt.

   ____

2. Mit vier Schiffen ist er am 10. Oktober **auf der Insel San Salvador** gelandet.

   ____

3. In den darauf folgenden Jahren unternahm er noch **dreimal** die abenteuerliche Reise übers Meer.

   ____

4. Kolumbus starb im Jahre 1506 **verarmt und von allen vergessen**.

   ____

5. **Amerigo Vespucci** hat dem neuen Erdteil seinen Namen gegeben.

   ____

Abschlusstest online 11

Super! Du hast das Kapitel **11 – Hauptsätze** durchgearbeitet.
Du weißt, dass es unterschiedliche Arten von Hauptsätzen gibt, nämlich Aussage-, Aufforderungs- und Fragesätze, und wie sie sich unterscheiden.

So funktioniert der Abschlusstest online:
Um deinen Lernerfolg zu überprüfen, kannst du nun die Tests online machen. Gehe auf
www.klasse5bis10.klett-lerntraining.de/8T5T
und registriere dich wie vorne im Buch beschrieben.

Welche Tests es gibt, siehst du unten in der Tabelle. Nach jedem Test bekommst du eine Auswertung.

Willst du immer im Blick haben, welche Themen du schon kannst oder was du besser nochmal wiederholen solltest? Dann notiere deine Ergebnisse aus den Abschlusstests in der Tabelle.

Mein Ergebnis im Abschlusstest – Kapitel 11

Thema	Mein Ergebnis
Hauptsätze	

12 Nebensätze

12.1 Was ist ein Nebensatz?

In einem Text gibt es neben Hauptsätzen meist auch **Nebensätze**.
Man nennt sie so, weil sie – im Unterschied zu den Hauptsätzen – nicht alleine stehen können, sondern von anderen Hauptsätzen abhängen.

Nebensätze sind leicht an ihrer äußeren Form erkennbar: Das **Prädikat** steht immer an **letzter Stelle**.

› Wir treffen uns morgen am Badesee, wenn es nicht regnet.

Nebensätze können auf unterschiedliche Weise mit dem Hauptsatz verbunden werden, z. B. durch Relativpronomen, Konjunktionen, usw.

› Die Blumen, die wir gepflückt haben, sehen schön aus.

Eine Verbindung aus Haupt- und Nebensatz nennt man ein **Satzgefüge**.
Zwischen dem Haupt- und Nebensatz steht in der Regel ein **Komma**.

Konjunktionalsätze und Relativsätze

Nebensätze können durch **unterordnende Konjunktionen** oder durch **Relativpronomen** (auch durch Relativadverbien oder Pronominaladverbien) eingeleitet werden. Man unterscheidet darum zwischen **Konjunktionalsätzen** und **Relativsätzen**.

› Lena freut sich, weil sie Geburtstag hat. (Konjunktionalsatz)
Louis hat die Schlüssel, die er im Bus gefunden hat, im Fundbüro abgegeben. (Relativsatz)

Wichtige Wörter, die einen Nebensatz einleiten können:

- **Konjunktionen**: weil, damit, (so) dass, wenn, indem, nachdem …
- **Relativpronomen**: der, die, das; welcher, welche, welches; wer, was
- **Relativpronomen + Präposition**: mit dem, durch die …
- **Relativadverbien**: (der Ort), wo; (die Art und Weise), wie …
- **Pronominaladverbien**: wohin, woran, worüber …

Gliedsatz und Attributsatz

Nebensätze sind wichtig, weil sie bestimmte Teile des Hauptsatzes ersetzen oder ergänzen. Man kann Nebensätze darum nicht nur nach ihrer **äußeren Form** unterscheiden (Konjunktionalsätze, Relativsätze), sondern auch danach, welche Teile des Hauptsatzes sie ersetzen bzw. genauer bestimmen, also nach ihrer **Funktion**. Es gibt zwei Nebensatzarten:

- **Gliedsätze**
  Sie ersetzen **Satzglieder** (Subjekt, Objekt, Adverbialbestimmung) und werden fast immer durch Konjunktionen eingeleitet (**Konjunktionalsätze**). Du kannst Gliedsätze wie die Satzglieder erfragen.
  › Ich verstehe eure Langweile. (**Was** oder **wen** verstehe ich?)
  Ich verstehe, dass ihr euch langweilt. (**Was** oder **wen** verstehe ich?)

  Der Gliedsatz steht an der Stelle eines Akkusativobjekts.

- **Attributsätze**
  Sie bestimmen – wie ein Attribut – ein **Satzglied genauer**. Attributsätze werden meistens durch Relativpronomen eingeleitet (**Relativsätze**).
  › Mein Skateboard, das ich zum Geburtstag bekommen habe, ist super.

Übersicht über die Nebensätze

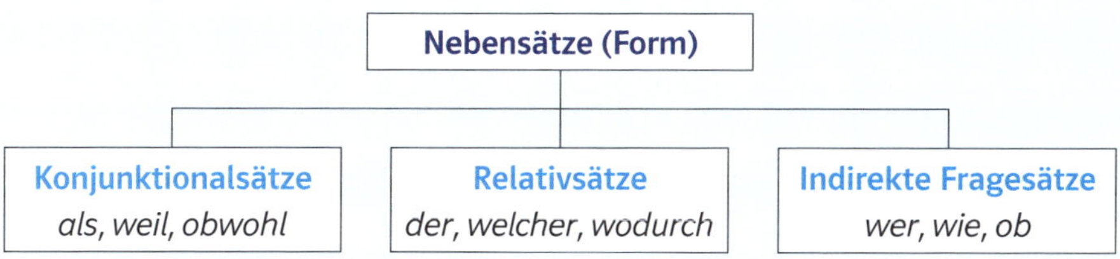

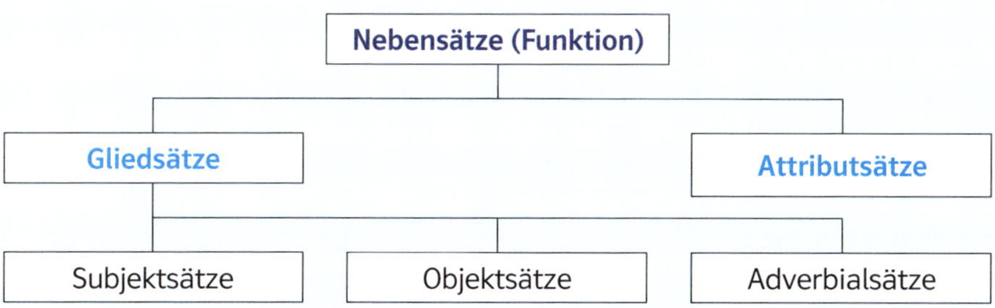

Aufgabe 1

Unterstreiche alle Konjunktionen.

als pfiffig langsam weil obgleich
sicher indem bei schön wenn dass mittags
während damit rot nachdem oben da Hase

Aufgabe 2

Unterstreiche die Nebensätze.

Der Zauberhut
Wer zaubern will, braucht einen richtigen Zauberhut. Ich sage dir, wie du einen Zauberhut selbst herstellst.
Du besorgst dir ein schönes Glanzpapier, von dem du einen Teil abschneidest. Er darf nicht breiter sein, als dein Kopf misst. Dann bindest du einen Bleistift an eine Schnur, die so lang wie der Papierbogen ist. Du hältst die Schnur an einem Ende des Papiers fest und fährst, wobei die Schnur gespannt ist, von der einen Seite des Papiers zur andern. Es entsteht ein Viertelkreis, der einem großen Tortenstück ähnlich ist. Bevor du den Zauberhut endgültig zusammenbaust, kannst du ein paar bunte Papierschnipsel daraufkleben. Zum Schluss legst du eine Seite auf die andere, so dass ein spitzer Hut entsteht. Nun musst du nur noch die Längsseiten zusammenkleben.

Aufgabe 3

Unterstreiche die Wörter, die die Nebensätze einleiten. Handelt es sich um Relativpronomen oder um Konjunktionen?

Mit Stäbchen essen – ganz einfach
Wenn du chinesisch essen willst, musst du mit Stäbchen essen können. Mister Wang zeigt dir, was du tun musst.
Du brauchst zwei dünne Stäbchen, die mindestens 20 cm lang sind. Das erste Stäbchen klemmst du so zwischen Daumen und Ringfinger, dass es in der Beuge zwischen Daumen und Zeigefinger liegt und dort etwa 5 cm nach hinten hinausragt. Das andere Ende liegt auf der Kuppe des Ringfingers, wo es mindestens 5 cm nach vorne hinaussteht.
Mit dem Daumen drückst du es etwas fest, damit es nicht verrutscht.

Das zweite Stäbchen, das natürlich genauso lang ist wie das erste, wird nun hinzugefügt. Du hältst es, wie du es mit einem Bleistift gewöhnt bist, mit der Daumenspitze, dem Zeige- und Ringfinger. Achte darauf, dass die beiden Enden auseinander stehen, die Spitzen sich aber berühren.
Mit dem zweiten, beweglichen Stäbchen drückst du die Speisen, die immer klein geschnitten sind, gegen das erste Stäbchen. So kannst du sie, ohne dass du dich anstrengst, zum Mund führen. Nachdem du es ein paarmal geübt hast, kannst du sogar eine einzelne Erbse elegant verspeisen.
Guten Appetit!

Aufgabe 4

Wähle die passende Konjunktion aus.

1. Sie hatten sich verfahren, ________________ (indem, obwohl, damit) das Navi eingeschaltet war.
2. (Dass, Nachdem, Weil) ________________ Max die nächsten Ferien in London verbringen wird, passt er im Englischunterricht gut auf.
3. Ich schreibe dir eine Nachricht, ________________ (sobald, während, als) ich mehr weiß.
4. Laura und Moritz bauten das Zelt auf, ________________ (dass, indem, während) sich Paul und Lukas um den Grill kümmerten.
5. Leonie ist sich sicher, ________________ (da, dass, als) sie diese verflixte Matheaufgabe noch lösen wird.
6. Jan stellt seinen Wecker, ________________ (nachdem, indem, damit) er morgen nicht verschläft.
7. ________________ (Nachdem, Wenn, Falls) Alina gegessen hatte, lief sie schnell zum Flötenunterricht.
8. Viele Zuschauer verließen die Freilichtbühne, ________________ (damit, als, sodass) es anfing zu regnen.

12.2 Adverbialsatz (Konjunktionalsatz)

Adverbialsätze sind **Nebensätze**, die eine adverbiale Bestimmung (Umstandsangabe) im Hauptsatz ersetzen. Adverbialsätze erläutern, unter welchen Umständen etwas geschieht, vor sich geht oder ist.
Adverbialsätze sind die häufigsten Nebensätze und werden fast immer durch nebenordnende Konjunktionen eingeleitet (**Konjunktionalsätze**).

Zu den nebenordnenden Konjunktionen gehören z. B. *weil*, *damit*, (*so*) *dass*, *wenn*, *indem*, *nachdem* …

Unterschiedliche Bedeutungen des Adverbialsatzes

1. **Temporale Nebensätze** (auch Temporalsätze) beschreiben die zeitlichen Umstände. Sie bezeichnen vor allem das **Zeitverhältnis** zwischen Hauptsatz und Nebensatz. Konjunktionen, die diese Nebensätze einleiten, geben drei Zeitverhältnisse wieder:

   a) Gleichzeitigkeit:
   Das Geschehen des Nebensatzes und das Geschehen des Hauptsatzes laufen gleichzeitig ab.
   Konjunktionen sind z. B. **während**, **indem**, **wobei**, **als**.
   › **Während** du **isst**, sollst du nicht reden.

   b) Vorzeitigkeit:
   Das Geschehen des Nebensatzes liegt zeitlich vor dem des Hauptsatzes.
   Konjunktionen sind z. B. **nachdem**, **als**, **sobald**.
   › **Nachdem** du ausgeschlafen **hast**, gehst du frühstücken.

   c) Nachzeitigkeit:
   Das Geschehen des Nebensatzes liegt zeitlich nach dem des Hauptsatzes.
   Konjunktionen sind z. B. **bevor**, **ehe**.
   › **Bevor** du **beginnst**, musst du Vorbereitungen treffen.

   Nach temporalen Sätzen fragst du mit **Wann? Seit wann? Bis wann? Wie lange?**.

2. **Lokale Nebensätze** (auch Lokalsätze) machen Angaben zu örtlichen und räumlichen Umständen wie Standort, Lage, Richtung. Meist leiten lokale Adverbien den Nebensatz ein.
   › **Wo** Wasser ist, können Pflanzen gedeihen.

   Lokale Nebensätze kannst du mit **Wo? Woher? Wohin?** erfragen.

3. **Modale Nebensätze** (auch Modalsätze) drücken die näheren Begleitumstände aus. Sie beschreiben die Situation, die Art und Weise einer Handlung oder dienen zum Vergleich.
   Modale Konjunktionen sind z. B. **wobei**, **indem**, **ohne dass**, **als**, **wie**.
   › **Wie** du dir vorstellen kannst, war diese Aufgabe nicht einfach.

   Modale Nebensätze antworten auf die Fragen **Wie? Unter welchen Umständen? Wodurch?**.

4. Nebensätze mit folgenden Bedeutungen können im weiteren Sinne der **kausalen Sinnrichtung** zugeordnet werden.

Sinnrichtung	**Konjunktionen**	**Fragen**
Ursache, Grund (kausal)	weil, da	Warum? Wieso? Weshalb?
Ziel, Zweck, Absicht (final)	damit, dass	Wozu? Zu welchem Zweck? Mit welcher Absicht?
Folge (konsekutiv)	so dass	Mit welcher Folge/ Wirkung?
Bedingung (konditional)	wenn, falls	Unter welcher Bedingung/ Voraussetzung?
Einschränkung (konzessiv)	obwohl, auch wenn	Trotz wessen? Trotz welcher Hindernisse?

   › **Weil** den Film viele Zuschauer gelobt haben, ist das Kino immer gut besucht.

Aufgabe 5

Wandle den ersten Satz jeweils in einen temporalen Nebensatz um. Die farbigen Umstandsangaben im zweiten Satz geben dir einen Hinweis.

Ein ganz normaler Kinobesuch

1. Ich möchte ins Kino gehen. **Vorher** telefoniere ich mit Marie.
   Bevor ich ins Kino gehen möchte, telefoniere ich mit Marie.
2. Ich verlasse das Haus. **Davor** verabschiede ich mich von meinem Vogel.
3. Ich gehe ins Kino. **Zuvor** kaufe ich mir eine Karte.
4. Ich sehe mir den Film an, **dabei** esse ich gebrannte Erdnüsse.
5. Die Werbung läuft, **dabei** schwärme ich vom letzten Urlaub.
6. Ich habe mir den Film angesehen, **danach** kaufen wir uns Pommes.
7. Wir haben die Pommes gegessen, **nachher** ist uns schlecht.

Aufgabe 6

Wandle jedes Satzpaar in ein Satzgefüge aus Nebensatz und Hauptsatz um. Beachte dabei die vorgegebenen Zeitverhältnisse (VZ = Vorzeitigkeit; GZ = Gleichzeitigkeit; NZ = Nachzeitigkeit).

Der Superschuss in Zeitlupe

1. (NZ) Der Schiedsrichter gibt den Ball frei. Der Spieler macht sich bereit.
2. (GZ) Der Spieler läuft schnell an. Er setzt dabei Geschwindigkeit in Kraft um.
3. (VZ) Er hat kurz vor dem Ball abgebremst. Der Körper spannt sich.
4. (NZ) Die Muskeln beschleunigen den Oberschenkel. Sie ziehen sich am Bauch und an den Oberschenkeln zusammen.
5. (VZ) Das Knie ist abgebremst worden. Der Unterschenkel wird nach vorne geschleudert.

Aufgabe 7

Wandle die farbigen Sätze in kausale Nebensätze mit „damit“ um.

Alles, was die Natur kann, gibt es in Bad Bergensee:
gesunde Bergluft: **Jeder Atemzug gibt Kraft.**
Wandern im Nationalpark: **Sie erleben Berg und Tal hautnah.**
Tennis, Golf, Reiten: **Der Spaß kommt nicht zu kurz.**
natürliche Thermen: **Der Körper lebt richtig auf.**

Aufgabe 8

Was drücken die Nebensätze aus? Verwende folgende Abkürzungen: G(rund), F(olge), B(edingung), E(inschränkung), Z(iel).

Probiert es mal aus: Hausaufgaben zu viert

In Gruppen von zwei bis vier Schülerinnen und Schülern lernt es sich leichter als alleine, weil (   ) ihr euch gegenseitig helfen könnt. Da (   ) der Druck durch eine erwachsene Person fehlt, sprecht ihr offener miteinander. In kleinen Gruppen hat der Einzelne auch mehr zu sagen, so dass (   ) er sich insgesamt besser beteiligt. Falls (   ) einmal Schwierigkeiten auftauchen, können eure Eltern immer noch helfend eingreifen. Obwohl (   ) ihr euch an diese Art zu lernen vielleicht erst gewöhnen müsst, solltet ihr es einmal ausprobieren. Ihr solltet nichts unversucht lassen, damit (   ) ihr etwas mehr Spaß an Hausaufgaben bekommt.

Aufgabe 9

Ersetze die Adverbialsätze durch einfache Adverbialien. Wähle aus den folgenden Umstandsangaben aus.

ohne wirklichen Gegner – im Morgengrauen – in den Parks – des Kaisers – bei ihren Atemübungen – vor mehr als 4000 Jahren – für ihre Gesundheit

Kennst du Tai Chi?
Als der Gelbe Kaiser um 2600 v. Chr. in China regierte, machten Soldaten Tai Chi. Sie vollführten bestimmte Bewegungen, damit sie ihre Gesundheit erhalten. Schattenboxen ist Boxen, ohne dass man sich wirklich mit einem Gegner prügelt. Heute machen Chinesen ihre Körperübungen, wo früher der Kaiser und sein Gefolge spazieren gingen. Bevor der Tag anbricht, beginnen sie mit ihren eigentümlich langsamen Bewegungen. Während sie tief Luft holen, bringen sie ihren Körper ins Gleichgewicht.

12.3 Attributsatz (Relativsatz)

Attributsätze sind Nebensätze, die sich auf ein Wort im Hauptsatz beziehen und es genauer bestimmen oder erklären.
Attributsätze sind **meistens Relativsätze** und werden durch **Relativpronomen** (der, die, das; welcher, welche, welches; wer, was) oder auch durch **Pronominaladverbien** (woran, wodurch ...) eingeleitet.
Das **Relativpronomen** kann auch zusammen mit einer **Präposition** stehen (mit der, durch den ...).

Attributsätze antworten auf die Fragen **Welcher**, **welche**, **welches? Welche Art von ...?**

› Bestimmt wird unsere Schulmannschaft, **die viel trainiert hat**, in die Endrunde des Turniers kommen.
Welche Mannschaft?

Bei Attribut- bzw. Relativsätzen **bestimmt** das **Bezugswort** im Hauptsatz den **Numerus** und das **Genus** des Relativpronomens.

Femininum Singular

› **Unsere Schulmannschaft**, **die** viel trainiert hat, wird bestimmt in die Endrunde des Turniers kommen.

Tipp:
Wenn du Texte schreibst, kannst du Relativsätze dazu verwenden, zwei Hauptsatze enger miteinander verbinden, indem du den zweiten in einen Relativsatz umwandelst. So **vermeidest du** langweilige **Satzreihungen**.

› Der Baum muss gefällt werden. Er ist alt und morsch.

↓

Der Baum, der alt und morsch ist, muss gefällt werden.

Aufgabe 10

Löse die farbigen Attribute in Attributsätze auf.

Dies alles raubte man dem König

- den **gehämmerten** Wadenring **mit Federn**
  der Wadenring, der gehämmert ist und Federn hat
- die **mit Gold verzierte** Halskette
- den **mit einem Büschel Federn geschmückten** Oberarmring
- den **mit zwei Edelsteinen besetzten** Handgelenkriemen
- den **am Knöchel befestigten** Schellenring
- das **dreieckig aufragende** Stirnblatt
- die **mit Türkissteinen verschönerte** Krone

Aufgabe 11

Verwandle die vorgegeben Satzpaare in ein Satzgefüge aus Haupt- und Relativsatz (Attributsatz).

1. Das Auto hat kein Navi. Es ist uralt.
   Das Auto, das uralt ist, hat kein Navi.
2. Die Chips sind bestimmt ungesund. Sie sind sehr salzig.
   ____
3. Das Gartentor muss endlich geölt werden. Es quietscht.
   ____
4. Der Hund von unseren Nachbarn ist drollig. Er ist erst sechs Monate alt.
   ____
5. Diese Kekse schmecken besonders lecker. Tim und Jonas haben sie selbst gebacken.
   ____
6. Das Computerspiel muss noch einmal installiert werden. Es funktioniert nicht richtig.
   ____

Aufgabe 12

Unterstreiche die Bezugswörter der Attributsätze.

Der goldene König

Vielleicht hast du schon von diesem Brauch gehört, der auf uns ganz seltsam wirkt. Der König, der als Herrscher bestimmt war, musste sechs Jahre in einer Höhle, in die kein einziger Sonnenstrahl gelangen durfte, fasten. An dem Tag, an dem er gekrönt wurde, bestäubte man ihn mit Gold, das man zu Pulver zermahlen hatte. Mit einem Floß, das reich geschmückt war, fuhr er auf den See hinaus. Dort, wo er am tiefsten war, warf er das ganze Gold hinein.

Aufgabe 13

Ersetze die hervorgehobenen Wörter im Text durch die angegebenen Ausdrücke. Achte auf die richtige Form des Relativpronomens.

der gefährliche Stoff – von dem Trieb einer Pflanze – in einem Landstrich – für diesen Auftrag – eine Person – beim Einkochen – Dunst

Curare, ein Pfeilgift

Das Gift, das zur Tierjagd verwendet wird, stammt von **einer Wurzel**, die unter der Erde liegt. Die Jäger finden die Wurzel in **einem Gebiet**, das Schlamm und fauliges Wasser hat. Für **diese Arbeit**, die tödlich ist, suchen sie im Dorf **einen Menschen**, der bereits sehr alt oder krank ist. Bei der **Herstellung** des Saftes, die langsam vor sich geht, strömt **Dampf** aus, der den „Koch" schließlich vergiftet.

Abschlusstest online 12

Toll! Du hast das **Kapitel 12 – Nebensätze** durchgearbeitet. Du weißt jetzt, woran du Nebensätze erkennst und dass sie nicht alleine stehen können, sondern von Hauptsätzen abhängen. Außerdem kennst du den Unterschied zwischen Konjunktional- und Relativsatz und die Nebensatzarten Gliedsatz und Attributsatz. Dass ein Adverbialsatz erklärt, unter welchen Umständen etwas geschieht, ist für dich jetzt nichts Neues mehr.

So funktioniert der Abschlusstest online:
Um deinen Lernerfolg zu überprüfen, kannst du nun die Tests online machen. Gehe auf
www.klasse5bis10.klett-lerntraining.de/8T5T
und registriere dich wie vorne im Buch beschrieben.

Welche Tests es gibt, siehst du unten in der Tabelle. Nach jedem Test bekommst du eine Auswertung.

Willst du immer im Blick haben, welche Themen du schon kannst oder was du besser nochmal wiederholen solltest? Dann notiere deine Ergebnisse aus den Abschlusstests in der Tabelle.

Mein Ergebnis im Abschlusstest – Kapitel 12

Thema	Mein Ergebnis
Nebensätze	

Lösungen

1 Artikel und Nomen (Substantive)

Aufgabe 1

1. **der/ein** Fernseher
2. **das/ein** Tier
3. **der /ein** Tisch
4. **die/eine** Kerze
5. **der/ein** Bleistift
6. **das/ein** Vogelnest
7. **die/eine** Blumenvase
8. **das/ein** T-Shirt
9. **der/ein** Computer
10. **die/eine** Bastelschere

Aufgabe 2

Lina hat mit ihrem Opa ein Baumhaus im Garten gebaut. Sie sitzt fast jeden Tag dort oben auf dem Baum und macht ihre Hausaufgaben. Sie genießt die Ruhe, lauscht dem Vogelgesang und versucht die Vogelart zu erraten. Außerdem stört sie ihr kleiner Bruder nicht mehr, da er sich nicht traut, die steile Holzleiter hinaufzuklettern. Nicht so gut ist jedoch, dass es dort oben keinen Kühlschrank oder Herd gibt. So muss Lina leider ihr Versteck verlassen, wenn sie Hunger oder Durst hat.

die Lina, der Opa, das Baumhaus, der Garten, der Tag, der Baum, die Hausaufgaben, die Ruhe, der Vogelgesang, die Vogelart, der Bruder, die Holzleiter, der Kühlschrank, der Herd, die Lina, das Versteck, der Hunger, der Durst

Aufgabe 3

Umlaut und Endung **-er**: Münder, Schulterblätter
Umlaut und Endung **-e**: Köpfe, Zähne, Hälse, Hände, Fäuste, Brüste, Bäuche, Füße
Umlaut und keine Endung: Fingernägel, Mägen
kein Umlaut und Endung **-e**: Haare, Arme, Beine
kein Umlaut und keine Endung: Schädel, Knöchel, Finger, Nabel, Schenkel, Knie

Aufgabe 4

1. Verwandte: Mütter — Schraubenteil: Muttern
2. Vogel: Strauße — Blumengebinde: Sträuße
3. Geldinstitut: Banken — Möbel: Bänke
4. Ausspruch: Worte — Bestandteil der Sprache: Wörter
5. Fessel: Bande — Buch: Bände

Aufgabe 5

1. Rucksack → Genitiv Singular: **des Rucksacks**
2. Amsel → Dativ Plural: **den Amseln**
3. Faulpelz → Akkusativ Singular: **den Faulpelz**
4. Raum → Akkusativ Plural: **die Räume**
5. Fluss → Genitiv Plural: **der Flüsse**
6. Sportskanone → Nominativ Plural: **die Sportskanonen**
7. Gartenzwerg → Dativ Singular: **dem Gartenzwerg**

Aufgabe 6

Zu Beginn dienten den Chinesen **(D)** nur drei Schnüre als „Schreibmaterial". Sie verknüpften diese in vorgeschriebener Weise und bezeichneten z. B. mit einem Knoten den Wind **(A)** und mit zwei Knoten den Donner **(A)**. Den Anfang **(A)** der Schrift vermutet man ungefähr im Jahr 2600 v. Chr. Die chinesischen Kaiser haben durch Gesetze den Schriftzeichen **(D)** eine bestimmte Form vorgeschrieben. Einem Schreiber **(D)**, der die Schrift absichtlich verunstaltet hat, drohten strenge Strafen. **Den** Entwicklungsstand **(A)** der Schrift kann man gut am verwendeten Schreibzeug erkennen: Nach den Schnüren benützte man das Schilfrohr, dann einen Bund **(A)** aus Pflanzen und schließlich den Pinsel **(A)**, mit dem man heute noch dem Papier **(D)** die seltsamen Zeichen „aufmalt". Auch die Tusche **(N)** ist eine Erfindung der Chinesen **(G)**. Kaum einem Volk **(D)** ist die Schrift wichtiger gewesen als den Chinesen **(D)**.

Aufgabe 7

In der Wüste Afrikas liegen viele Geheimnisse **(N, Pl)** verborgen. Sie zu erforschen, haben Archäologen keine Mühen **(A, Pl)** und Anstrengungen **(A, Pl)** gescheut. Die ersten Erzählungen **(A, Pl)** haben die alten Griechen **(N, Pl)** überliefert. Sie hatten bereits vor langer Zeit ägyptische Städte **(A, Pl)** besucht, die heute vom Erdboden verschwunden sind. Mächtige Königreiche **(N, Pl)** mit unvorstellbarem Reichtum wurden von fremden Völkern erobert. Und als die Handelswege **(N, Pl)** zerstört waren, blieb der Bevölkerung **(D, S)** nichts anderes übrig, als zu fliehen. Die Häuser der Reichen **(G, Pl)** zerfielen, die Gebäude **(N, Pl)** und Tempel **(N, Pl)** wurden ein Opfer der Hitze **(G, S)** und des Windes. Es mussten erst Jahre **(N, Pl)** vergehen, bis die Archäologen mit Schaufel und Spaten Sand **(A, S)** und Geröll **(A, S)** von den versunkenen Städten beseitigten und so staunenden Menschen **(D, Pl)** die Pracht **(A, S)** vergangener Zeiten **(G, Pl)** zeigen konnten.

Aufgabe 8

Auch die „Sprache" der Bienen hat **ein Wissenschaftler** erforscht. Es ist **dem Wissenschaftler** gelungen, sie zumindest teilweise zu entziffern. **Die Schriftzeichen** der Bienen bestehen nämlich aus bestimmten Körperbewegungen. Mit Hilfe **der Schriftzeichen** verständigen sie sich untereinander. Der Wissenschaftler hat dabei herausgefunden, dass **die Bienen** bestimmte Tanzbewegungen vollführen. Damit geben sie **den Bienen** daheim im Bienenstock wichtige Informationen. Die Bienen bezeichnen z. B. den Stand **der Sonne** durch die Richtung ihrer Bewegungen. So ist **die Sonne** für alle Bienen ein wichtiger Orientierungspunkt. Auch **die Geschwindigkeit** der Tänze ist wichtig. Denn **der Geschwindigkeit** entnehmen die anderen Bienen Informationen darüber, wie reich der Tisch auf der grünen Wiese für sie gedeckt ist. Die Wörter **der Bienensprache** sind lautlos und sehen wie lustige Tänze aus. Wenn du den Bienen genau zuschaust, kannst du vielleicht auch einmal **die Bienensprache** verstehen.

Aufgabe 9

Die ältesten Schriftzeichen **(Akkusativ Plural)** Europas hat man in Frankreich gefunden. Die ältesten Schriftzeichen **(Nominativ Plural)** sind kleine Zeichnungen auf Holzstäben, mit denen sich die Menschen damals verständigten. Damit haben sich die Menschen schon vor Jahrtausenden bestimmte Ereignisse der Natur **(Genitiv Singular)** gemerkt. Man zeichnete auf, was man der Natur **(Dativ Singular)** abgelauscht hatte. Den Menschen **(Dativ Plural)** damals bedeuteten diese kleinen Bildzeichen alles, genauso wie den Menschen **(Akkusativ Singular)** von heute Kino, Fernsehen und Internet interessieren. Auf einem Stab findet man z. B. den Bullen und die Kuh **(Akkusativ Singular)** als Zeichen für den Frühjahrsbeginn eingeritzt. Den Bullen und den Kühen **(Dativ Plural)**, die die ersten Haustiere waren, wurde zu dieser Zeit eine große Bedeutung beigemessen. So zeigte man den Kindern **(Dativ Plural)** die Geheimnisse der Jagd. Und diese Bilder lehrten die Kinder **(Akkusativ Plural)**, wenn sie das erste Mal auf Jagd gingen, das Lebensnotwendige.
Diese „Merkzettel" unterrichteten in der nächsten Generation dann wieder die Nachkommen **(Akkusativ Plural)**. Und die Nachkommen **(Nominativ Plural)** gaben ihr Wissen dann mit den Bildstäben wieder ihren Kindern weiter.

Aufgabe 10

Heinrich Schliemann, der sich als Entdecker Trojas feiern ließ, hatte kaum die Ausgrabung **(A S)** der Stadt **(G S)** Troja beendet, als seine Begeisterung **(N S)** ihn weiter antrieb, versunkene Städte zu entdecken. Er nahm die Erzählungen **(A Pl)** der griechischen Dichter wie glaubwürdige Nachrichten **(A Pl)** der alten Zeiten **(G Pl)**. So führte ihn die Sage **(N S)** vom sagenhaften König Agamemnon nach Mykene. Dort brachte er seltene Kostbarkeiten **(A Pl)** wieder ans Tageslicht, unter ihnen die goldene Maske **(A S)** eines Königs. Seine Entdeckungen **(N Pl)** bewegten damals die Welt **(A S)** und bis heute hat die Wirkung **(N S)** der wieder entdeckten Vergangenheit **(G S)** nicht nachlassen.

2 Pronomen

Aufgabe 1

„Ich **(Mia)** habe morgen endlich meinen Auftritt in der Theateraufführung der Schule und du **(Oma)** sollst mitkommen.“, bittet Mia ihre Oma. Sie **(Mia)** freut sich auf das tolle Kostüm, das ihre Mutter für sie **(Mia)** genäht hat. Gleich kommen Mias Freundinnen Jette und Lina vorbei. Auch sie **(Jette und Lina)** spielen im Theaterstück und haben ihre Gewänder dabei.
„Wo ist denn dein Kostüm?“, fragt Lina, nachdem sie **(Lina)** Mia begrüßt hat. „Soll ich **(Mia)** es euch **(Jette und Lina)** vorführen?“, fragt Mia. „Wir **(Jette und Lina)** sind schon ganz gespannt.“, entgegnet Jette. Mia zeigt ihnen **(Jette und Lina)** stolz ihr Kostüm. Jette und Lina sind begeistert. „Lasst uns **(Mia, Jette und Lina)** unsere Kostüme anziehen.“, beschließen die Mädchen. Dann schlüpfen sie **(Mia, Jette und Lina)** in ihre Gewänder und laufen singend und tanzend ins Wohnzimmer.

Aufgabe 2

Max hat heute einen aufregenden Tag. Er geht in eine neue Schule. **Sie** ist dreimal so groß wie die Grundschule, die **er** bis vor den Sommerferien noch besuchte. Ungefähr fünfhundert Schülerinnen und Schüler werden dort auf dem Schulhof um **ihn** herum sein. Zum Glück gehen **sie** nicht alle mit **ihm** in eine Klasse. **Er** könnte sich dann nicht mehr konzentrieren. Nun sind fünf Wochen vergangen, und **er** fühlt sich richtig wohl in der neuen Schule. „Am Anfang fiel **mir** der Übergang wirklich schwer. Doch nun habe **ich** viel Spaß und auch neue Freunde gefunden.“

Aufgabe 3

1. Emil und Fabian verstehen **sich** wirklich prima.
2. Habt ihr **euch** gut vorbereitet?
3. Du hast **dich** bestimmt geirrt.
4. Ich habe **mich** an der Milch verschluckt.
5. Ohne Navi werden wir **uns** bestimmt verlaufen.
6. Kannst du **dich** nicht daran erinnern?
7. Wir müssen **uns** beeilen.
8. Meine Katze hat **sich** mal wieder versteckt.

Aufgabe 4

1. dem kleinen Bruder die Ohren waschen
2. dem kleinen Bruder die Zähne putzen
3. den kleinen Bruder anziehen
4. ✗
5. ✗
6. ✗
7. ✗
8. den kleinen Bruder hinlegen
9. den kleinen Bruder in den Schlaf wiegen
10. ✗

Aufgabe 5

2. Mein Mitschüler
3. Deine Besucher
4. Ihre Bewunderung
5. Mein Hunger
6. Deine Ansichten
7. Eure Vorschläge
8. Unsere Grüße
9. Mein Abschied

Aufgabe 6

1. Der Spieler muss sein Gesicht dem Spielfeld zuwenden.
2. Er darf mit seinen Füßen entweder auf der Seitenlinie oder außerhalb von ihr stehen.
3. Beim Einwurf müssen sich seine beiden Hände über seinem Kopf befinden.
4. Dabei darf der Spieler den von ihm selbst eingeworfenen Ball nicht berühren.
5. Wenn der Spieler den Ball in das Tor seiner eigenen Mannschaft wirft, wird auf Eckstoß entschieden.
6. Der Spieler darf seinen Einwurf wiederholen, wenn es ihm nicht gelingt, durch seinen Einwurf den Ball ins Spielfeld zu befördern.

Frauenfußball:

1. Die Spielerin muss ihr Gesicht dem Spielfeld zuwenden.
2. Sie darf mit ihren Füßen entweder auf der Seitenlinie oder außerhalb von ihr stehen.
3. Beim Einwurf müssen sich ihre beiden Hände über ihrem Kopf befinden.
4. Dabei darf die Spielerin den von ihr selbst eingeworfenen Ball nicht berühren.
5. Wenn die Spielerin den Ball in das Tor ihrer eigenen Mannschaft wirft, wird auf Eckstoß entschieden.
6. Die Spielerin darf ihren Einwurf wiederholen, wenn es ihr nicht gelingt, durch ihren Einwurf den Ball ins Spielfeld zu befördern.

Aufgabe 7

1. Die **(A)** ersten Eroberer der **(A)** Inkastädte waren Spanier.
2. Der **(A)** Eiffelturm, das **(A)** berühmte Wahrzeichen von Paris, ist 324 Meter hoch.
3. Der **(A)** Klimaschutz ist wichtig, das **(D)** weiß inzwischen jeder.
4. Clemens, dieser **(D)** pfeilschnelle Läufer, wird beim Sportfest bestimmt den **(A)** 100-Meter-Lauf gewinnen.
5. Diejenigen **(D)**, die mit den Aufgaben fertig sind, können in die **(A)** Pause gehen.
6. Das **(A)** fliegende Auto wird in der **(A)** Zukunft ein wichtiges Verkehrsmittel sein – das **(D)** sagen viele Forscher voraus.

Aufgabe 8

1. Die Aufführung des Schul-Theaters war ein voller Erfolg. **Alle** klatschten begeistert Beifall.
2. In den großen Städten fahren **viele** Menschen mit öffentlichen Verkehrsmitteln.
3. Hat **irgendjemand** mein Englischbuch gefunden?
4. **Man** soll **viel** Obst essen.
5. **Niemand** sollte bei Glatteis mit dem Fahrrad fahren.

Aufgabe 9

1. Ein Giftzahnarzt ist ein Arzt, der einen Giftzahn hat.
2. Eine Löschblattlaus ist eine Blattlaus, der Löschblätter schmecken.
3. Eine Suppengrünanlage ist eine Grünanlage, auf der Suppengrün wächst.
4. Ein Fußballerstammtisch ist ein Tisch, an dem Fußballer sitzen.

Aufgabe 10

Ich spreche von einem Dingsda,
das zotteliges Fell hat,
das einen großen Mund und lange Zähne hat,
vor dem die Menschen Angst bekommen,
dessen Fußspuren so groß wie der Tisch sind,
das es gar nicht gibt,
dem es im Moor am besten gefällt.
Gemeint ist ein Monster.

Aufgabe 11

2. Frage: Wem hat mein Eis geschmeckt?
3. Frage: Wessen Nase hat an meinem Pudding geschnuppert?
4. Frage: Welche beiden Zwerge haben meine Pommes frites verdrückt?
5. Frage: Mit wem ist mein Kartoffelsalat verschwunden?

3 Adjektive

Aufgabe 1

a) Vorteile:
   tief**e** Ladekante
   verstellbar**er** Gurt
   geräumig**er** Kofferraum
   bequem**er** Vordersitz

b) Nachteile:
   lahm**er** und laut**er** Motor mit schwach**er** Leistung
   gering**e** Reichweite durch klein**en** Tank
   unsicher**es** Fahrverhalten bei schnell**en** Geschwindigkeiten
   mäßig**e** Fahrsicherheit wegen schwammig**er** Lenkung

Aufgabe 2

Manch erfahrener Urlauber weiß es längst: Auf dieser schönen Insel haben wir für alle sonnenhungrigen Urlauber aus der sagenhaften Fülle die besten Angebote ausgewählt. Damit Ihre kostbaren Urlaubstage gelingen, bieten wir Ihnen die größte Auswahl: Sie reicht von der einfachen Pension bis zum gepflegten Hotel und stellt auch anspruchsvolle Gäste zufrieden.
Genießen Sie die inseltypische Kochkunst. Es lohnt sich, die herzhaften Leckerbissen und die fangfrischen Fische aus dem Meer zu versuchen. Für jene aktiven Urlauber, die nicht nur faulenzen wollen, gibt es bei uns ganz tolle Möglichkeiten, die Sie woanders kaum finden werden. (**15**)

Aufgabe 3

1. a) Durch mildes Klima vielfältige Pflanzenpracht!
   b) Durch das milde Klima die vielfältige Pflanzenpracht!
   c) Durch ein mildes Klima eine vielfältige Pflanzenpracht!
2. a) Süßer Duft tropischer Früchte in unberührter Natur!
   b) Der süße Duft der tropischen Früchte in der unberührten Natur!
   c) Ein süßer Duft tropischer Früchte in einer unberührten Natur!
3. a) Kunstvolle Bauwerke aus ruhmreicher Vergangenheit!
   b) Die kunstvollen Bauwerke aus der ruhmreichen Vergangenheit!
   c) Kunstvolle Bauwerke aus einer ruhmreichen Vergangenheit!

Aufgabe 4

1. Der alte Stuhl ist **wackelig**.
2. Das Wetter blieb **stürmisch**.
3. Oliver wurde **seekrank**.
4. Das Warnlämpchen blinkt **rot**.
5. Meine Katze ist **drollig**.

Aufgabe 5

1. Der Film ist **langweilig**.
2. Unser Hund ist **tollpatschig**.
3. Florians tolle Jeans ist **neu**.
4. Hannas Stimme ist **schön**.
5. Diese Matheaufgabe ist **kompliziert**.

Aufgabe 6

2. –
3. sorgfältiger Vergleich der Einzelteile
4. genaue Angabe der Ersatzteilnummern
5. umgehende Hilfe
6. –
7. herzlichen Glückwunsch

Aufgabe 7

attributiv	prädikativ	adverbial
schwabbrig knostrig dapprich	lupfig zarblich	ölmisch flitschig

Aufgabe 8

1.	arm	**ärmer**	am ärmsten
2.	gut	**besser**	am **besten**
3.	**tief**	tiefer	am **tiefsten**
4.	leise	leiser	am **leisesten**
5.	**bitter**	**bitterer**	am bittersten
6.	**hoch**	höher	am **höchsten**
7.	nah	**näher**	am **nächsten**
8.	**teuer**	teurer	am **teuersten**
9.	**kurz**	**kürzer**	am kürzesten
10.	heiß	**heißer**	am **heißesten**

Aufgabe 9

2. Der Kolibri baut ein gröberes Nest als die Spinne, aber ein feineres als der Seeadler.
3. Das Murmeltier hat im Winter kälteres Blut als der Wolf, aber wärmeres als der Frosch.
4. Der Hund benimmt sich dümmer als der Papagei, aber klüger als das Huhn.
5. Der Pandabär ist stärker als der Koalabär, aber schwächer als der Eisbär.
6. Der Affe sieht in der Nähe besser als der Karpfen, aber schlechter als die Antilope.

Aufgabe 10

2. ICE fahren ist eine schöne Art, bequem ans Ziel zu kommen!
3. Mit dem Roller XYZ fährst du so schnell wie bisher!
4. XYZ-Lautsprecher! Musik – so begeisternd wie im Konzertsaal!
5. Der NS 850 Ski-Schuh zeichnet sich durch hohen Komfort aus!
6. 12 feine Gebäcksorten für den verwöhnten Gaumen!
7. Gönnen Sie sich weite Reisen zu billigen Preisen!
8. Unser Waschmittel bringt strahlendes Weiß!

Aufgabe 11

a) **Adjektive, die unveränderliche Eigenschaften bezeichnen**:
schwedisch, international, einig, nass, nüchtern, fit

b) **Adjektive, die bereits superlativische Bedeutung haben**:
außergewöhnlich, besonders, letzt, absolut, total, optimal

c) **Adjektive, deren Bedeutung verneint ist**: hoffnungslos, ungünstig

d) **Adjektive, die von der Form her Partizipien sind**:
strahlend, aufgeweicht, vergangen

4 Verben

Aufgabe 1

Am vorletzten Tag der Traumreise fliegst du nach Katmandu, der Hauptstadt von Nepal. Dort musst du Patan, die uralte Königsstadt, besuchen. Du siehst herrliche Tempel mit prachtvollen Toreingängen. Und in Bodnath darfst du den berühmten Buddha bestaunen, der in alle Himmelsrichtungen blickt. Wenn du magst, kannst du dir in malerischen Cafés eine Ruhepause gönnen. Du isst zuckersüßes Gebäck und nimmst honigsüßen Tee zu dir. Und in unserem First-Class-Hotel schläfst du in orientalischem Luxus. Diesen Tag vergisst du ganz sicher nicht.

Aufgabe 2

Infinitiv	Partizip I	Partizip II
beobachten	kreischend	ausgedehntest
gehen	Furcht einflößend	vorgefunden
füttern	zeigend	gelaufen
verstehen	drohend	gebeten
landen	davonlaufend	mitgeführten
lassen		gesonnen

Aufgabe 3

1. Wer sich zu wild aufführt,
2. muss zurück in die Hunde-Schule.
3. Das bekam unser Schäferhund Jason zu spüren,
4. der in den letzten Wochen große Schäden angerichtet hatte.
5. Nachdem man ihn vergeblich ausgeschimpft hatte,
6. musste er 3 Wochen lang eine „Hunde-Schule" besuchen.
7. Wenn er anständiges Benehmen gelernt hat,
8. darf er im Sommer mit in Urlaub fahren.

Aufgabe 4

Zeitstufe	**Satznummer**
Vergangenheit:	2, 3
Gegenwart:	1, 4
Zukunft:	5

Aufgabe 5

1. Ganz früh am Morgen **ritten** wir mit unseren Pferden aus.
   Welch ein herrlicher **Ritt** über die grünen Wiesen!
2. Über einem Hindernis **riss** sich Brigitte die Hose auf.
   Den **Riss** nähte danach ihre Mutter mit einem Flicken zu.
3. Auf dem Turnierplatz **strichen** Anna und Lena die Hindernisse an.
   Der Trainer lobte sie: „Den **Anstrich** habt ihr gut hinbekommen."
4. Dabei **pfiff** er anerkennend durch die Zähne.
   Aber es war nur ein leiser **Pfiff**, den die anderen leider nicht hörten.
5. Im Stall **griff** Martin dem Schimmel in die dicke Mähne.
   Aber den **Griff** bemerkte der Schimmel gar nicht.
6. Nur ein kleines Tierchen **floh** springend davon.
   Kaum zu glauben. Es war ein **Floh**!

Aufgabe 6

1. Die Arbeiter fällten den Baum, und dann fielst du darüber.
2. Noch schwammen die Fische im Wasser. Aber wer schwemmte das Gift heraus?
3. Alle Wege führten nach Rom, deshalb fuhren wir auch nach Rom.
4. Du beugtest das Nomen. Ich bog den Stahl.
5. Das Kind setzte sich auf den Stuhl. Dann saß es da und guckte.

Aufgabe 7

Meistertitel haben die Münchner Bayern am Fließband gesammelt. Der Lorbeer der Konkurrenz ist verwelkt. Titel in Serie: Keinem ist das bisher gelungen. Und keiner hat mehr Zuschauer begrüßt, keiner hat mehr verdient, keiner hat häufiger gewonnen und ist länger ungeschlagen geblieben. Der FC Bayern hat der Bundesliga Glanz verliehen. Was hat die Mannschaft dafür gekonnt, dass die Gegner so schwach auf der Brust gewesen sind?
Gleich zu Beginn haben sich die Münchner an die Spitze gesetzt, zu früh, wie der Trainer gefunden hat.

Aufgabe 8

liegt:	Präsens Aktiv
befand:	Präteritum Aktiv
wurde:	Präteritum Aktiv
war zerstört worden:	Plusquamperfekt Passiv (Vorgangspassiv)
werden gemacht:	Präsens Passiv (Vorgangspassiv)
hat entdeckt:	Perfekt Aktiv
eingemeißelt sind:	Perfekt Passiv (Zustandspassiv)

Aufgabe 9

1. Nur durch einen Zufall wird die Höhle von Lascaux 1940 entdeckt. **(VP)**
2. In ihr gibt es Malereien, die vor 17 000 Jahren entstanden sind. **(A)**
3. Die schönsten Bilder wurden in einem engen Gang gefunden. **(VP)**
4. Besonders rätselhaft ist der Mann mit dem Vogelkopf. **(A)**
5. Noch heute ist der Ort von einem geheimen Zauber erfüllt. **(ZP)**

Aufgabe 10

1. Immer mehr **wird** das Fahrrad das ideale Verkehrsmittel **(PrA)**, um innerhalb der Städte kürzere Wege zurückzulegen.
2. In vielen Städten wird der Erwerb eines Fahrrades **bezuschusst**. **(PrP)**.
3. Dadurch **wird** der Autoverkehr innerhalb der Städte weniger **(PrA)**; da **wird** man gerne auf einige Annehmlichkeiten verzichten **(FA)**.
4. Damit der Kauf eines Fahrrades kein Fehlkauf **wird (PrA)**, wenden Sie sich an einen Fachhändler.
5. Dort **wird** man Sie freundlich beraten **(FA)**; außerdem **werden** alle Reparaturen zuverlässig erledigt **(PrP)**.

Aufgabe 11

1. Man nehme gewaschenen Kopfsalat.
2. Man reibe die Schüssel mit einer Knoblauchzehe aus.
3. Man zerkleinere die Zutaten für die Soße, verrühre diese und lasse alles etwas ziehen.
4. Man gieße die Soße über den Salat und mische rasch durch.
5. Man richte den Salat erst kurz vor dem Verzehr an.
6. Tipp: Man schüttle die Soße in einem Schraubglas kräftig durch.

Aufgabe 12

Man sagt,

1. das Taj Mahal sei das schönste Grabmal der Erde.
2. es werde von keinem anderen Bauwerk an Glanz und Pracht übertroffen.
3. ein indischer Kaiser habe es für seine verstorbene Frau erbaut.

Man vermutet,

4. dieses Grabmal solle den Menschen als ein Mahnmal für die Macht der Liebe dienen.
5. der Kaiser habe 20 000 Arbeiter beschäftigt und zwei Jahre benötigt, um das Bauwerk fertig zu stellen.
6. er habe auch vorgehabt, für sich selbst ein pechschwarzes Grabmal errichten zu lassen.

Man erzählt sich,

7. sein Wunsch sei es gewesen, die beiden Grabstätten durch eine silberne Brücke zu verbinden.
8. sein Sohn aber habe ihn in einer nahe gelegenen Festung einsperren lassen.

Aufgabe 13

Es wäre schön, wenn

1. es im Winter warm **wäre**.
2. es heute Schoko-Pudding **gäbe**.
3. die Stühle in der Schule gepolstert **wären**.
4. am Wandertag die Schüler nach Indien **führen**.
5. man die Regeln der Grammatik im Schlaf **lernte** (*oder*: **lernen würde**).
6. jeder für die Teilnahme am Unterricht 50 € **bekäme**.
7. die deutschen Schüler in Europa die längsten Ferien **hätten**.

Aufgabe 14

Zwilling:	Du wirst eine wichtige Persönlichkeit kennenlernen. Schlage eine Bitte um Hilfe nicht ab. Gib dem Gefühl nach und hilf ohne Bedenken.
Löwe:	Vergiss deine Freunde nicht und zeige ihnen, wie wichtig sie dir sind. Morgen wirst du dich so wohl wie schon lange nicht mehr fühlen.
Waage:	Ein großer Wunsch wird in Erfüllung gehen. Wirf deine Hemmungen ab. Lade Freunde ein und feiere.
Skorpion:	Du wirst leise Wehmut spüren, wenn du an einen bestimmten Menschen denken wirst. Melde dich doch einfach bei ihm.
Schütze:	Lass dich zu nichts Anstrengendem überreden. Nimm dir nichts vor, was deine Kräfte übersteigen wird. Wirf nicht deine guten Vorsätze über Bord.
Wassermann:	Schreibe dir mal deine Pläne auf. Sieh den Schwierigkeiten ins Auge.

Aufgabe 15

1. Der Rasen **darf** nicht betreten werden.
2. Hunde **müssen** an der Leine geführt werden.
3. In diesem Gebäude **darf** nicht geraucht werden.

Aufgabe 16

1. Morgen können wir alle ausschlafen.
2. Meine Katze will jeden Tag Mäuse fangen.
3. Lukas mag lieber Fußball spielen als joggen.

Aufgabe 17

1. Lotte hatte den Test wiederholen müssen.
2. Alle haben in die Pause gehen dürfen.
3. Klara hat besonders gut rechnen können.

Aufgabe 18

erlaubt:	8	nicht erlaubt:	4
notwendig:	1, 10	nicht notwendig:	–
beabsichtigt:	2	nicht beabsichtigt:	12
erwartet:	5	nicht erwartet:	9
möglich:	3	nicht möglich:	7, 11
erwünscht:	–	nicht erwünscht:	6

5 Adverbien

Aufgabe 1

1. Zunächst wird der junge Hengst in die Mitte der Reithalle geführt.
3. Jetzt wird der Reiter dicht neben dem Pferd mehrmals hochgehoben.
6. Hierauf lässt der Reiter ganz langsam sein Gewicht auf den Sattel nieder.
2. Unterdessen ist der Reiter unauffällig neben das Pferd getreten.
7. Zugleich muss das Pferd ein paar Schritte vorwärts tun und das ganze Gewicht des Reiters tragen.
4. Dann hebt der Reiter vorsichtig erst das eine Bein über den Sattel.
5. Einstweilen stützt er sich lediglich auf den Sattel, ohne sich hinzusetzen.
8. Zuletzt zieht der Reiter das zweite Bein nach und sitzt auf dem jungen Pferd, ohne es erschreckt zu haben.

Aufgabe 2

immer, montags, inzwischen, sofort, morgen, gleich, früher, endlich, mehrfach, heute, erst, später, oft

Aufgabe 3

1. Beim Tennisspielen fliegt der Ball immer **hin und her**.
2. Beim Schwimmen geht es im Wasser **drunter und drüber**.
3. Beim Klettern muss der Bergsteiger **hinauf und hinunter**.
4. Beim Fechten springt man **vor und zurück**.
5. Beim Drachenfliegen ist man bald **hier und** bald **dort**.
6. Beim Ringen liegt der eine **oben und** der andere **unten**.

Aufgabe 4

temporale Adverbien: anfangs, dann, nun, sogleich, bereits, mehrmals, zuerst
lokale Adverbien: nebeneinander, oben, links

Aufgabe 5

Dein Aufsatz ist besonders (+) im ersten Teil gelungen. Teilweise (–) macht das Lesen deiner Erlebniserzählung richtig Spaß. Dagegen (x) hast du im zweiten Teil dir weder (–) große Mühe gegeben noch (–) das Thema genau beachtet. Der Höhepunkt ist kaum (–) erkennbar. Außerdem (+) hast du ziemlich (–) wenig anschauliche Adjektive verwendet. Jedoch (x) ist der Schluss recht originell. Deine Arbeit wird den Anforderungen einigermaßen (–) gerecht.

Aufgabe 6

1. Zweifellos war Kolumbus einer der größten Entdecker.
2. Sicherlich (bestimmt) ist er einem großen Irrtum erlegen.
3. Irrtümlicherweise hat er den Seeweg falsch berechnet.
4. Möglicherweise hat er sein Unternehmen nicht sorgfältig vorbereitet.
5. Glücklicherweise entdeckte er dabei Amerika.
6. Bedauerlicherweise (leider) ist Kolumbus arm und einsam gestorben.

Aufgabe 7

Jeder Hund ist ein Rudeltier. Deshalb **(Grund)** ist es wichtig, dass immer Menschen um ihn herum sind. Es ist dazu **(Zweck)** notwendig, ihn nie längere Zeit alleine zu lassen. Sonst **(Bedingung)** verkümmert seine Seele, und er wird folglich **(Folge)** eher krank als ein glücklicher Hund. Wozu **(Zweck)** braucht der Hund den Menschen noch? Genau genommen zum Gehorchen. Der Hund braucht nämlich **(Grund)** ein Leittier, das ihm überlegen ist. Notfalls **(Bedingung)** muss man ihm das mit konsequenter Erziehung klarmachen. Sonst **(Bedingung)** wird er machen, was er will. Deshalb **(Grund)** muss der Mensch auch dafür sorgen, dass der Hund sein Futter bekommt. Dadurch **(Grund)** gewöhnt er sich noch mehr an sein „Herrchen".

6 Präpositionen

Aufgabe 1

Standort, Lage	**Richtung, Ziel**
unter den dunklen Palmen	an den Strand
an dem dunklen Himmel	auf das tiefblaue Meer
über Ihnen	hinter den Horizont
hinter sich	zwischen Ihre Träume

Aufgabe 2

Lieber Kunde, Sie reisen **in einem unserer Großraumwagen**.
Ihrer Bequemlichkeit dienen:
- Sitze mit verstellbarer Armlehne
- hochklappbare Armlehne **zwischen den Sitzen**
- Leseleuchten **über jedem Platz**
- Klapptisch **vor jedem Sitzplatz in der Rückenlehne** des Vordersitzes
- Regale für Gepäckstücke **neben den Eingängen**
- große Abfallbehälter **an den Türen**
- **in den Einstiegsräumen** ein Hinweisschild **zum Zugrestaurant**

Aufgabe 3

temporale Präpositionen

mit Genitiv:	während der sechs kühlen Monate, in kurzer Zeit
mit Dativ:	von Oktober bis März, am darauf folgenden Mittwoch, bei Tagesanbruch, in aller Eile, in früheren Jahren, seit dieser Zeit, in unseren Tagen, bei dieser Reise, aus vergangenen Tagen
mit Akkusativ:	auf den heutigen Tag

Aufgabe 4

1. Gehen Sie **mit** festen Schuhen und mit dem Kletterseil ins Gebirge.
2. Verzehren Sie Ihr Essen **ohne** Hast und **ohne** Eile.
3. Steigen Sie nur **mit** der Erlaubnis des Hüttenwirts auf.
4. Nehmen Sie alles Nötige mit, **einschließlich** eines Notsignals.
5. Seien Sie **bis zum** gesunden Maß ehrgeizig.
6. Befolgen Sie diese Hinweise **mit/nach** aller Vernunft.

Aufgabe 5

1. Anlässlich des Geburtstages von Kaiser Franz
2. Aufgrund kräftigen Knoblauchgenusses
3. Wegen angeborener Antriebsschwäche
4. Gemäß einstimmigen Familienbeschlusses
5. Aus unerfindlichen Gründen
6. Auf ausdrücklichen Wunsch meines Katers
7. Nach uralter Bauernweisheit
8. Infolge plötzlichen Wintereinbruchs

Aufgabe 6

kausale Präpositionen mit Genitiv:
laut einer Umfrage, wegen der langen Reisezeit ins Ausland, angesichts der oben genannten Gründe, trotz mancher Regenfälle, dank der Bundesbahn
kausale Präpositionen mit Dativ:
aus finanziellen Gründen, zur Erholung, der Umwelt zuliebe, nach Lust und Laune

Aufgabe 7

lokale Präpositionen mit Akkusativ:
durch die Backstube, in einige Krapfen, in den fluffigen Teig
temporale Präpositionen mit Dativ:
vor etwa 350 Jahren, im Jahr 1635, seit diesen Tagen, bei allen Hofbällen
kausale Präpositionen mit Dativ:
aus lauter Wut, vom Ergebnis, einer Wiener Chronik zufolge
modale Präpositionen mit Akkusativ:
gegen alle Erwartung, für die Menschheit, ohne den Krapfen

7 Konjunktionen

Aufgabe 1

Hiermit erkläre **und** bekenne ich, dass ich zwei Hamburger umgebracht habe. **Aber** ich bitte um Milde **und** um Gnade. **Denn** ich wurde durch einen Wiener **oder** Frankfurter dazu gezwungen. Das rote Blut auf meinen Lippen **und** in meinen Haaren stammt aus einer Ketchupflasche **oder** etwas Ähnlichem. Ich versichere **und** beschwöre, dass die Hamburger **weder** Schmerzen **noch** Qualen erdulden mussten. Ich bin mit einer harten, **aber** gerechten Strafe einverstanden. In Zukunft werde ich nicht nur den Hamburgern, **sondern** auch den Wienern und Frankfurtern aus dem Weg gehen.

Aufgabe 2

Der Körper des Menschen ist nicht überall gleich warm: Am kältesten ist es an den Zehenspitzen, während sich die Haut an der Schulter ungefähr so warm **wie** unter der Achsel anfühlt. Die Körpertemperatur misst man am besten im Mund, weil die Schleimhaut genauere Werte gibt **als** andere Körperteile. Wenn du aufwachst, fühlst du dich meist frischer **als** am Abend. Kein Wunder: Dein Körper ist um 6 Uhr kühler **als** 12 Stunden später.

Aufgabe 3

1. Ehe der Wecker klingelt, hat irgendjemand bereits das Frühstück gemacht.
2. Nachdem der Wecker geklingelt hat, wacht Finn auf und dreht sich nochmals auf die Seite.
3. Während Finn genüsslich sein Schoko-Müsli verzehrt, hört er die neueste Musik.
4. Während die erste Stunde begonnen hat, guckt Finn die neuesten Videos auf dem Smartphone.
5. Nachdem sein Vater wie jeden Tag verärgert zugeschaut hat, ruft er: „Jetzt aber los, Finn!“

Aufgabe 4

1. Schütteln Sie die Saftflasche kräftig, **bevor** Sie sie öffnen.
   Nachzeitigkeit
2. Die Zuschauer riefen begeistert „Bravo“, **als** sich die Schauspieler verbeugten.
   Gleichzeitigkeit
3. **Nachdem** alle ihre Rucksäcke gepackt hatten, konnte es endlich losgehen.
   Vorzeitigkeit
4. Mara hört immer ihre Lieblingsmusik, **während** sie joggt.
   Gleichzeitigkeit

Aufgabe 5

Die Seife ist ganz mild, **so dass (Folge)** ihr Schaum auch nicht einmal in Kinderaugen brennt. **Falls (Bedingung)** Sie eine sehr empfindliche Haut haben, können Sie die Seife auch noch mehr verdünnen. Geben Sie zusätzlich ein paar Tropfen Kräuteröl hinzu, **wenn (Bedingung)** Sie eine strapazierte Haut haben, **weil (Grund)** sie z.B. zu viel Sonne abbekommen hat. Benützen Sie ein Rührgerät, **damit (Zweck)** die Zutaten sehr gut vermischt werden. **Wenn (Bedingung)** die Mischung zu flüssig geworden ist, fügen Sie einige Gramm Verdicker hinzu.
Noch ein Hinweis: Experimentieren Sie mit den Mengen, **obwohl (Einräumung)** die Zutaten nicht gerade billig sind.

8 Prädikat und Subjekt

Aufgabe 1

1. Der Hund bellt.
2. Der Vogel zwitschert.
3. Jannik rennt.
4. Die Blumen blühen.

Aufgabe 2

2. Tom spielt.
3. Emily liest.
4. Wir singen.
5. Ole läuft.
6. Paul träumt.
7. Lara malt.

Aufgabe 3

ich **sage**, du **siehst**, er, sie, es **lacht**, wir **wissen**, ihr **wandert**, sie **verreisen**

Aufgabe 4

1. Wir fertigen Lampenschirme nach Ihren Entwürfen. Standardschirme vorrätig.
2. Früh-Rentner, absolut zuverlässig, übernimmt Kurierdienste/Flüge In- und Ausland/Eilaufträge.
3. Im „Schlaf" Geld verdienen! Gerne vermitteln wir kostenl. Ihre Whg. etc.

Aufgabe 5

1. Das Wundersofa macht endlich Schluss mit den schweißtreibenden Übungen.
2. Sechs verschiedene Geräte machen Sie auf angenehme Weise fit.
3. Auf der Trainingsliege wird mit einer sanften Wellenbewegung der Kreislauf angeregt.
4. Durch die vierte Übung werden Pfunde an Bauch und Hüften weggeschmolzen.
5. Mit dem Po-Trainer können Sie beeindruckende Muskeln aufbauen.
6. Durch die Klappmesser-Übung werden Sie bis zu 20 Pfund abnehmen.
7. Nach dem Training dürfen Sie sich unter der Dusche erholen.

Aufgabe 6

Die Waikiki-Bucht ist weltberühmt. – Dieser Urlaub ist wunderschön. – Die Sandstrände sind glitzernd-schwarz. – Die Palmen sind riesig. – Die Straßen von Honolulu sind verwinkelt. – Die Spezialitäten der Köche aus China sind köstlich. – Der Naturpark Sea Life ist herrlich. – Die Delphine sind gezähmt. – Die Fische sind farbenprächtig. – Der Himmel ist tropisch-blau. – Die Tanzdarbietungen der Einheimischen sind fröhlich.

Aufgabe 7

Eine Katze miaut. Eine Taube gurrt. Ein Frosch quakt. Ein Hahn kräht. Ein Hund kläfft. Eine Biene summt. Ein Schwein grunzt. Ein Stier brüllt. Eine Lerche tiriliert.

Aufgabe 8

1. Die **Tür** springt auf. Die **Mutter** springt auf.
2. Das **Streichholz** brennt. Der **Schnaps** brennt.
3. Der **Hund** leckt. Der **Eimer** leckt.

Aufgabe 9

Bereits 1980 wurde in Kalifornien **ein Kaugummi** zu einer riesigen Blase aufgepustet. **Er** erreichte den sagenhaften Durchmesser von 48,9 cm! Bis heute hat **niemand** diese Superleistung übertreffen können. Aber **dein Lehrer** darf dich beim Training in der Schule nicht erwischen.

An der Haltestelle wartet **der große Fußballstar Pele Knallschuh** auf seinen Bus. Wie im Training übt **er** das schnelle Dribbeln. Das sieht **eine alte Dame**. Da geht sie auf ihn zu und sagt: „Junger Mann! Dort drüben ist **eine Toilette**."

Aufgabe 10

So bastle ich ein Kaleidoskop
Am besten besorgst du dir drei kleine Spiegel (20 cm lang, 4 cm breit). Billiger ist allerdings Spiegelfolie. Außerdem werden Pappe, Buntpapier oder bunte Glasscherben und Haushaltsfolie benötigt.
Zunächst werden die Spiegelteile zu einem Dreieck zusammengestellt und mit Klebebändern festgemacht. Ein Ende wird dann mit der durchsichtigen Haushaltsfolie verschlossen. Nun füllst du die dreieckige Röhre mit den bunten Glasscherben oder Papierschnipseln. Zum Schluss wird die Folie auch über dem anderen Ende befestigt.

Aufgabe 11

Nomen: Dreieck, Kanten, Halme, Folie, Luft, Flugbahn
Pronomen: du, man, ich

Aufgabe 12

Verb: still sitzen, fliegen, zwitschern, überleben wollen
Adverb: auf und nieder, heute
Adjektiv: alt, jung, stark

9 Objekte

Aufgabe 1

Der Hase jagt die Maus.
Der Hund jagt den Hasen, die Katze, die Maus.
Die Katze jagt den Hasen, den Hund, die Maus.
Der Hund verbellt den Hasen, die Katze, die Maus.
Der Elefant zertritt die Fliege.
Die Fliege sticht den Elefanten, den Löwen.
Der Löwe zertritt die Fliege.

Aufgabe 2

1. Ich sehe dich/Sätze/den Honig/~~nicht~~/~~fern~~/das Rad/~~zwei Engel~~
2. Ich höre das Plätschern des Baches/meinen Vater/~~die Rose~~
3. Ich rieche ~~das Knistern des Feuers~~/frisches Heu/~~Sterne~~/~~gut~~
4. Ich ertaste dich/den Regenwurm/~~die gute Luft~~/den Spinat/~~oben~~
5. Ich schmecke die Nudeln/~~alles Viereckige~~/~~das Rascheln~~

Aufgabe 3

2. Mutter mag/liebt/isst gerne süße Mangos.
3. Meine Schwester liebt/mag blaue T-Shirts.
4. Mein Bruder mag/liebt rote Socken.

Aufgabe 4

Erwachsene Elefanten **(S)** bringen ein Gewicht von sechs Tonnen **(A)** auf die Waage. Pro Tag werden 200 kg Grünfutter **(S)** verspeist. Die Speisekarte bietet 100 verschiedene Pflanzen **(A)** an. Nach der Mittagsruhe drängt es die Jumbos **(A)** zu den Wasserstellen. Dickhäuter **(S)** müssen alle 24 Stunden einmal trinken. Sie **(S)** brauchen eine Wassermenge von 150 Litern **(A)**. Die hitzeempfindlichen Dickhäuter **(S)** benützen das Wasser **(A)** auch zur Abkühlung ihrer sehr dünnen Haut. Erst nach einem Jahr trinken übrigens die kleinen Elefanten **(S)** das Wasser **(A)** wie die großen mit der Nase.

Aufgabe 5

Nomen: eine Zwiebel, eine Zitrone, einen Pinsel, die Geheimbotschaft, die Schrift
Pronomen: sie, sie, es

Aufgabe 6

Die Marionettenkleidernäherin berichtet von ihrer Arbeit: „Ich mache die Kostüme in der Schneiderwerkstatt. Hier ziehe ich die nackten Holzmarionetten an. Zuerst nehme ich genau Maß. Dann übertrage ich die Maße auf den Stoff. Erst nach mehreren Stunden habe ich die Marionetten märchengerecht angezogen. Ich schneide die Form aus, und dann lege ich das Kleid um die Marionetten. Schließlich erledige ich die letzten Feinarbeiten und nähe die Stoffteile fest. So habe ich aus eine m einfachen Stoff das Gewand einer Prinzessin hergestellt."

Aufgabe 7

Seeräuber kennen die **Fahrwege** von reichen Händlern und Kaufleuten sehr genau. Schon von weitem hören sie das **Knattern** der Segel und riechen das **Gold**. Dann entern sie das **reich beladene Schiff**. Sie töten **jeden**, schleppen alles **Wertvolle** von Bord und setzen **es** in Brand. **Kranke** lässt der Piratenkapitän zurück. Keiner wird sich wohl das **Gestern** herbeiwünschen.

Aufgabe 8

Du drohst mir/dem Meerschweinchen/der Tante.
Du glaubst mir/der Tante.
Du winkst mir/dem Luftballon/dem Meerschweinchen/der Tante.
Du ähnelst mir/dem Meerschweinchen/der Tante.
Du begegnest mir/dem Meerschweinchen/der Tante.

Aufgabe 9

transitive Verben: essen, pflanzen, veranstalten, spielen, lösen, schreiben, sammeln
intransitive Verben: lachen, warten, telefonieren, joggen, ausfallen

Aufgabe 10

Gold **(N)** ist ein wichtiges Heilmittel. Man hängt Gold **(A)** Kindern um den Hals, so macht es Gift unwirksam. Gold **(D)** wohnt allerdings auch eine schädliche Kraft inne: Gold **(N)** schadet dem Eierlegen der Hühner. Du wendest die Gefahr auf diese Weise ab: Gold **(A)** abwaschen und die Tiere mit dem Wasser besprengen. Gold **(A)** mit Honig gekocht, brauchen auch Leute mit Verdauungsschwierigkeiten. Manche schreiben Gold **(D)** noch eine andere Wirkung zu: Es bringt Warzen zum Verschwinden. Gold **(A)** kannst du auch reinigen: Du röstest das Gold **(A)** mit zwei Teilen Salz und einem Teil Schiefer.

Aufgabe 11

1. Sebastian ist sich **seiner** Sache ganz sicher.
   Genitivobjekt
2. Ina zeigt **den** Touristen den Weg zum Museum.
   Dativobjekt
3. Natürlich leihe ich dir **mein** Handy.
   Dativobjekt
4. Die neuen Fisch-Snacks schmecken **unserem** Hund nicht.
   Dativobjekt
5. Sie gedenken **der** Opfer.
   Genitivobjekt
6. Lena und Tom helfen **ihrem** Opa bei der Gartenarbeit.
   Dativobjekt

Aufgabe 12

1. Ich **ziehe** unter großer Anstrengung meinen Mantel **aus**.
2. Ich **gewöhne** mir gezwungenermaßen den Kopfhörer **ab**.
3. Ich **erwarte** geduldig die göttliche Eingebung.
4. Ich **ergreife** wieder meinen Kopfhörer.
5. Ich **brauche** dringend die innere Ruhe.
6. Ich **weise** deshalb die Frage des Lehrers **zurück**.
7. Ich **gebrauche** dazu eine gepflegte Ausdrucksweise:
8. „Ich **habe** – was das kleine Einmaleins betrifft – eine andere Meinung als Sie, mein verehrter Meister der Mathematik."

Aufgabe 13

vertrauen auf, anfangen mit, gehören zu, bestehen aus, sorgen für, achten auf

Aufgabe 14

Ärgern Sie sich nicht über Fischgeruch **(A)** in der Küche! Spülen Sie das Geschirr kalt ab und vertrauen Sie auf den frischen Zitronenduft **(A)**.
Gehen Sie mit Kräutern **(D)** sorgsam um!
Freuen Sie sich auf leckeren Kuchen **(A)**! Greifen Sie ruhig nach der Zuckerdose **(D)**.
Plagen Sie sich nicht mit zähem Knabbergebäck **(D)** ab!
Manche schwören auf einen einfachen Trick **(A)**: …

Aufgabe 15

2. Ich höre das Zwitschern der Vögel. – Ich höre mit der Arbeit auf.
3. Ich breche den Stab. – Ich breche aus dem Gefängnis aus.
4. Ich halte den Dieb. – Ich halte mich an deinen Ratschlag.
5. Ich nehme beim Frühstück viel Zucker. – Ich nehme an Gewicht zu.
6. Ich stelle die Uhr ein. – Ich stelle mich auf die Arbeit ein.
7. Ich hüte die Schafe. – Ich hüte mich vor den wilden Tieren.
8. Ich drücke die Daumen. – Ich drücke mich vor der Arbeit.

Aufgabe 16

Auf der ganzen Welt **strebt** man **nach** Gold. Schon vor Jahrhunderten **forschten** viele Abenteurer in den Bergen **nach** dem wertvollen Metall. Sie **erkundigten sich bei** allen Leuten und **achteten auf** jeden Stein. Denn schon in der obersten Erdschicht **stießen** manche häufig **auf** kleine Goldkörner. Selbst in der Nacht **hörten** sie nicht **mit** ihren mühevollen Arbeiten **auf**. Leider **dachten** sie nicht **an** die Folgen. Oft stürzten die unterhöhlten Berge ein und man musste **um** viele Opfer **trauern**.

10 Adverbialbestimmung und Attribut

Aufgabe 1
Im Jahre 1492 wurde Amerika von Christoph Kolumbus entdeckt. Unter Lebensgefahr landete er auf der Insel San Salvador. Heute kannst du in seinem Bordtagebuch die spannenden Abenteuer dieses berühmten Seefahrers ganz gefahrlos miterleben.

Aufgabe 2
lokal: über die Alpen, in Richtung Italien
temporal: mal, wieder, vier Wochen, rechtzeitig
modal: ungern, vielleicht, zu Fuß, auf eigene Faust, mit dem Rucksack
kausal: deshalb

Aufgabe 3
durch die deutlich gesenkten Preise/wegen des unnachahmlich frischen Geschmacks/ zu Ihrer Bequemlichkeit/dank eines alten Geheimrezepts/für Ihr Wohlbefinden

Aufgabe 4
Früher besiedelte die Kiefer die Kältesteppen. **Später** breitete sie sich schnell **überall** aus. **Danach** wurde sie **leider** durch die Laubbäume aus dem Wald verdrängt. Aber die Kiefer kann auch **woanders** überleben. Sie hat sehr tiefe Wurzeln. **Dadurch** gibt es die Kiefer auch **heute** noch.

Aufgabe 5
Mit angenehmer Dudelmusik beginnt der Tag. Ganz langsam stehe ich auf. Ausgeruht gehe ich ins Bad und dusche mich mit einem Lied auf den Lippen. Ohne alle Eile ziehe ich mich an. Mein Frühstück nehme ich im Liegen ein. Gut gelaunt trete ich auf die Straße. Alle Menschen blicken mich freundlich an.

Aufgabe 6
Soll ich aufgrund meiner Lernunlust **(kausal)** und um der Verbesserung meiner Laune willen **(kausal)** nachher **(temporal)** ins Kino **(lokal)** gehen und mich gut **(modal)** unterhalten lassen?
Oder soll ich wegen des Tests **(kausal)** zuerst **(temporal)** fürs gemeinsame Üben meine Freunde zu mir **(lokal)** einladen, um besser **(modal)** vorbereitet zu sein?

Aufgabe 7
1. Die Diamanten gehören zu den <u>wertvollsten Edelsteinen der Welt</u>.
2. Sogar <u>magische Kräfte</u> wurden ihnen früher nachgesagt.
3. Schon die <u>alten Römer</u> kannten die <u>besonders harten Diamanten</u>.
4. Die <u>außerordentliche Härte des Diamanten</u> kann auch durch die <u>Macht des Feuers</u> nicht besiegt werden.

Aufgabe 8

Der **heutige** Feinschmecker will mit einem **fantasievollen** Essen verwöhnt werden. Machen Sie deshalb Ihre **abendliche** Einladung zu einem Ereignis. Beginnen Sie mit einer scharfen **indischen** Suppe. Überraschen Sie Ihre Gäste dann mit deftigen **deutschen** Spezialitäten: mit leckerem **westfälischen** Schinken oder **gefüllten** schwäbischen Maultaschen. Zum Abschluss empfehlen wir eine besondere Eisbombe: Auf dem Boden einer **gläsernen** Schale liegt ein Gutschein für ein **erstklassiges** Essen an einer **gemütlichen** Würstchenbude! Diesen Gag werden Ihre **einfallslosen** Gäste sicher nicht vergessen.

Aufgabe 9

Adjektivattribut:
frische, nährstoffreiche Böden/kleine Wurzeln/zunehmendes Alter/die alten Griechen/eine immergrüne Pflanze/die frühen Christen/abgeschnittene Efeuzweige
Genitivattribut:
an den Stämmen der Bäume/an den Rinden der Bäume/die Form seiner Blätter/dem Gott des Weines/Sinnbild der Unsterblichkeit der Seele

Aufgabe 10

Im Pflanzendickicht ist die Gestalt **des Tigers** mit ihren **dunklen** Streifen auf dem gelben Grund kaum zu erkennen. Das **gestreifte** Zebra ist in den **afrikanischen** Steppen schwerer zu erkennen als das ungestreifte Gnu. In einer Landschaft **ohne deutliches Muster**, z. B. in einer Schneelandschaft, findet man häufig Tiere **ohne Fellzeichnung**. Mit **schwarzen** Flecken oder auffälligen Streifen **auf ihrem Pelz** würden sie von ihren **hungrigen** Feinden schnell entdeckt werden.

Aufgabe 11

Subjekt: Die Stufen aus Korallen in diesem Palast, prächtige Teppiche, das seidene, perlenverzierte Bettzeug, die Damen des Palastes
Objekt: einen goldglänzenden Körper, alle erdenklichen Reichtümer, den mit Smaragden verzierten Fußboden, ihr eigenes Spiegelbild
Adverbial: im prachtvollen Palast des Himmelskönigs Indra, über alle Maßen, unter dem melodischen Klang der Fußglöckchen, im weiträumigen Palast, in glitzernden Edelsteinen

Aufgabe 12

1. Der Gepard, **das** schnellste Landtier der Welt, erreicht eine Geschwindigkeit von über 100 Kilometer pro Stunde.
2. Eine Lasagne, **den** leckeren italienischen Nudelauflauf, isst jeder gern.
3. Lenas Hund, **ein** frecher kleiner Dackel, geht nicht gerne an der Leine.

11 Hauptsätze

Aufgabe 1

Ein Brötchen kostet 40 Cent.
Ich komme aus Berlin.
Am Montag ist das Museum geschlossen.
Du kommst zu Fuß zum Bahnhof.
Der Fahrschein gilt zwei Stunden lang.
Der Bus fährt zum Marktplatz.

Aufgabe 2

1. Achtung! Steht still!
2. Augen rechts! Hände auf den Tisch!
3. Rührt den Vanillepudding! Esst langsam!
4. Abtreten zum Spülen! Spült das Geschirr!

Aufgabe 3

Fahrt!	Falle!	Fische!	Fracht
Kerne	Klage!	Kreise!	Küsse!
Sätze	Schätze!	Schneide!	Sprache

Aufgabe 4

1. Geh vom Mittelpunkt hundert Schritte nach unten!
2. Mach eine Vierteldrehung nach links und geh in dieser Richtung ebenfalls 100 Schritte weit!
3. Wiederhole dies zweimal!
4. Mach drei Vierteldrehungen nach rechts!
5. Bewege dich 70 Schritte nach vorne!
6. Vollführe eine Vierteldrehung nach rechts und marschiere nochmals 70 Schritte nach vorne!
7. Bleib stehen und betrachte dein Kunstwerk!

Ich habe ein Haus gezeichnet.

Aufgabe 5

An Max, deinen Bruder:

Hol einen Topf! Fülle ihn halb voll mit Wasser! Bring das Wasser zum Kochen!

An Lena, deine Freundin:

Gieß das kochende Wasser über den Reis! Lass ihn in 1 Liter guter Milch mit etwas Salz leise kochen! Rühre dabei häufiger um!

An Max und Lena:

Fügt in der letzten Viertelstunde 50 g Butter und zwei Esslöffel Zucker hinzu! Bestreut den Reis beim Anrichten dick mit Zucker und Zimt!

An Max, Lena und dich selbst:

Setzen wir uns an den Tisch! Genießen wir die Köstlichkeit ganz langsam!

Aufgabe 6

2. Ich will keine gut aussehende, athletische V-Form entwickeln.
3. Ich will keine schmale Taille formen.
4. Ich will keine neue Kraft in Schultern und Rücken packen.
5. Ich will nicht mein persönliches Fitness-Programm wählen.
6. Ich will die Kraftmaschine Superman nicht 14 Tage lang testen.

Aufgabe 7

1. Blas auf die Suppe, bevor du sie isst!
2. Gib Acht, wenn du den Kopf neigst!
3. Roll die Zunge siebenmal, bevor du sprichst!
4. Hol dir einen Schirm, bevor du nass wirst!
5. Überquer den Strom nicht, wenn du den Übergang nicht kennst!
6. Schau, bevor du springst!

Aufgabe 8

Parken Sie nicht auf unbefestigten Plätzen wie Feldwegen oder Wiesen!
Stellen Sie keine Anhänger an Uferabschnitten ab!
Befahren Sie keine Vogelschutzgebiete!
Ankern Sie nicht in der Nähe von Laichplätzen!
Beachten Sie die Verbots- und Gebotsschilder!

Aufgabe 9

Du brauchst 1 Packung Schokoküsse. **Trenne** die Waffelböden von den Schokoküssen und **lege** sie zur Seite. **Verrühre** dann die Schokokussfüllung mit 500 g Quark und einem Päckchen Vanillezucker. **Gib** evtl. etwas Milch dazu, damit die Masse nicht so fest wird. **Verteile** die Mischung auf einem Tortenboden. **Dekoriere** die Torte zum Schluss mit den Waffelböden. Guten Appetit!

Aufgabe 10

1. Wie viel Uhr ist es? 10 vor 12.
2. Können Sie mir ein Eurostück wechseln? Leider nein.
3. Hast du Lust auf ein Eis? Ja immer.
4. Wo finde ich das Deutsche Museum? Auf einer Insel.
5. Fahren wir mit der U-Bahn oder gehen wir zu Fuß? Zu Fuß.
6. Wann haben die Museen geschlossen? Am Montag.
7. Möchtest du in München oder in Hintertupfing leben? In München.

Aufgabe 11

1. Entscheidungsfrage
2. Entscheidungsfrage
3. Ergänzungsfrage
4. Ergänzungsfrage
5. Entscheidungsfrage
6. Ergänzungsfrage
7. Entscheidungsfrage

Aufgabe 12

Wo waren Sie gestern Abend? Nicht zu Hause.
Was haben Sie getan? Ich habe mir einen Film angesehen.
Welchen Film haben Sie sich angeschaut? Einen Tierfilm.
Hat Sie jemand dabei gesehen? Das weiß ich nicht genau.
Wann war die Vorstellung zu Ende? Um 22 Uhr.
Haben Sie ein Taxi oder die Straßenbahn benützt? Ein Taxi.
Haben Sie die Gummibärchen gestohlen? Bei meinem Ehrenwort: Nein!

Aufgabe 13

2. Welches **E** findest du bei einem Grautier und in deinen Büchern? **Eselsohr**
3. Welches **B** verwaltet Geld und man kann darauf sitzen? **Bank**
4. Welches **K** haben Hühner am Kopf und Menschen in der Tasche? **Kamm**
5. Über welches **N** freut sich der Musiker, aber der Schüler nicht immer? **Note**

Aufgabe 14

1. „Hattest du in England Schwierigkeiten mit deinem Englisch?"
   „Ich nicht, aber die Engländer."
2. „Weißt du, warum die Amerikaner eine andere Uhrzeit haben?"
   „Natürlich, Amerika wurde doch viel später entdeckt!"
3. „Warum hast du einen Verband um den Kopf?"
   „Ich habe mir meine Amerikareise aus dem Kopf geschlagen."
4. „Scheint in Florida wirklich an 365 Tagen die Sonne?"
   „Ja. Und in manchen Jahren scheint sie noch häufiger."

Aufgabe 15

1. Wann hat Kolumbus einen neuen Erdteil entdeckt? 1492
2. Wo ist er mit vier Schiffen am 10. Oktober gelandet? Auf der Insel San Salvador
3. Wie oft unternahm er in den darauf folgenden Jahren noch die abenteuerliche Reise übers Meer? Dreimal
4. Wie starb Kolumbus im Jahre 1506? Verarmt und von allen vergessen
5. Wer hat dem neuen Erdteil seinen Namen gegeben? Amerigo Vespucci

12 Nebensätze

Aufgabe 1

als, damit, weil, wenn, dass, indem, obgleich, nachdem, da, während

Aufgabe 2

Wer zaubern will, braucht einen richtigen Zauberhut. Ich sage dir, wie du einen Zauberhut selbst herstellst.

Du besorgst dir ein schönes Glanzpapier, von dem du einen Teil abschneidest. Er darf nicht breiter sein, als dein Kopf misst. Dann bindest du einen Bleistift an eine Schnur, die so lang wie der Papierbogen ist. Du hältst die Schnur an einem Ende des Papiers fest und fährst, wobei die Schnur gespannt ist, von der einen Seite des Papiers zur andern. Es entsteht ein Viertelkreis, der einem großen Tortenstück ähnlich ist.

Bevor du den Zauberhut endgültig zusammenbaust, kannst du ein paar bunte Papierschnipsel daraufkleben. Zum Schluss legst du eine Seite auf die andere, so dass ein spitzer Hut entsteht. Nun musst du nur noch die Längsseiten zusammenkleben.

Aufgabe 3

Wenn du chinesisch essen willst, musst du mit Stäbchen essen können. Mister Wang zeigt dir, was du tun musst.

Du brauchst zwei dünne Stäbchen, die mindestens 20 cm lang sind. Das erste Stäbchen klemmst du so zwischen Daumen und Ringfinger, dass es in der Beuge zwischen Daumen und Zeigefinger liegt und dort etwa 5 cm nach hinten hinausragt. Das andere Ende liegt auf der Kuppe des Ringfingers, wo es mindestens 5 cm nach vorne hinaussteht. Mit dem Daumen drückst du es etwas fest, damit es nicht verrutscht.

Das zweite Stäbchen, das natürlich genauso lang ist wie das erste, wird nun hinzugefügt. Du hältst es, wie du es mit einem Bleistift gewöhnt bist, mit der Daumenspitze, dem Zeige- und Ringfinger. Achte darauf, dass die beiden Enden auseinander stehen, die Spitzen sich aber berühren.

Mit dem zweiten, beweglichen Stäbchen drückst du die Speisen, die immer klein geschnitten sind, gegen das erste Stäbchen. So kannst du sie, ohne dass du dich anstrengst, zum Mund führen. Nachdem du es ein paarmal geübt hast, kannst du sogar eine einzelne Erbse elegant verspeisen. Guten Appetit!

Relativsätze: was/die/wo/das/wie/die
Konjunktionalsätze: wenn/dass/damit/dass/ohne dass/nachdem

Aufgabe 4

1. Sie hatten sich verfahren, **obwohl** das Navi eingeschaltet war.
2. **Weil** Max die nächsten Ferien in London verbringen wird, passt er im Englischunterricht gut auf.
3. Ich schreibe dir eine Nachricht, **sobald** ich mehr weiß.
4. Laura und Moritz bauten das Zelt auf, **während** sich Paul und Lukas um den Grill kümmerten.
5. Leonie ist sich sicher, **dass** sie diese verflixte Matheaufgabe noch lösen wird.
6. Jan stellt seinen Wecker, **damit** er morgen nicht verschläft.
7. **Nachdem** Alina gegessen hatte, lief sie schnell zum Flötenunterricht.
8. Viele Zuschauer verließen die Freilichtbühne, **als** es anfing zu regnen.

Aufgabe 5

1. **Bevor** ich ins Kino gehen möchte, telefoniere ich mit Marie.
2. **Ehe** ich das Haus verlasse, verabschiede ich mich von meinem Vogel.
3. **Bevor** ich ins Kino gehe, kaufe ich mir eine Karte.
4. **Während** ich mir den Film ansehe, esse ich gebrannte Erdnüsse.
5. **Während** die Werbung läuft, schwärme ich vom letzten Urlaub.
6. **Nachdem** ich mir den Film angesehen habe, kaufen wir uns Pommes.
7. **Nachdem** wir die Pommes gegessen haben, ist uns schlecht.

Aufgabe 6

1. Bevor der Schiedsrichter den Ball freigibt, macht sich der Spieler bereit.
2. Während der Spieler schnell anläuft, setzt er Geschwindigkeit in Kraft um.
3. Nachdem er kurz vor dem Ball abgebremst hat, spannt sich der Körper.
4. Bevor die Muskeln den Oberschenkel beschleunigen, ziehen sie sich am Bauch und an den Oberschenkeln zusammen.
5. Nachdem das Knie abgebremst worden ist, wird der Unterschenkel nach vorne geschleudert.

Aufgabe 7

gesunde Bergluft, **damit** jeder Atemzug Kraft gibt.
Wandern im Nationalpark, **damit** Sie Berg und Tal hautnah erleben.
Tennis, Golf, Reiten, **damit** der Spaß nicht zu kurz kommt.
natürliche Thermen, **damit** der Körper richtig auflebt.

Aufgabe 8

In Gruppen von zwei bis vier Schülerinnen und Schülern lernt es sich leichter als alleine, weil **(G)** ihr euch gegenseitig helfen könnt. Da **(G)** der Druck durch eine erwachsene Person fehlt, sprecht ihr offener miteinander. In kleinen Gruppen hat der Einzelne auch mehr zu sagen, so dass **(F)** er sich insgesamt besser beteiligt. Falls **(B)** einmal Schwierigkeiten auftauchen, können eure Eltern immer noch helfend eingreifen. Obwohl **(E)** ihr euch an diese Art zu lernen vielleicht erst gewöhnen müsst, solltet ihr es einmal ausprobieren. Ihr solltet nichts unversucht lassen, damit **(Z)** ihr etwas mehr Spaß an Hausaufgaben bekommt.

Aufgabe 9

Vor mehr als 4000 Jahren machten Soldaten Tai Chi. Sie vollführten bestimmte Bewegungen **für ihre Gesundheit**. Schattenboxen ist ein Boxen **ohne wirklichen Gegner**. Heute machen Chinesen ihre Körperübungen **in den Parks des Kaisers**. **Im Morgengrauen** beginnen sie mit ihren eigentümlich langsamen Bewegungen. **Bei ihren Atemübungen** bringen sie ihren Körper ins Gleichgewicht.

Aufgabe 10

- den gehämmerten Wadenring mit Federn
- die Halskette, die mit Gold verziert war
- den Oberarmring, der mit einem Büschel Federn geschmückt war
- den Handgelenkriemen, der mit zwei Edelsteinen besetzt war
- den Schellenring, der am Knöchel befestigt war
- das Stirnblatt, das dreieckig aufragte
- die Krone, die mit Türkissteinen verschönert war

Aufgabe 11

2. Die Chips, die sehr salzig sind, sind bestimmt ungesund.
3. Das Gartentor, das quietscht, muss endlich geölt werden.
4. Der Hund von unseren Nachbarn, der erst sechs Monate alt ist, ist drollig.
5. Diese Kekse, die Tim und Jonas selbst gebacken haben, schmecken besonders lecker.
6. Das Computerspiel, das nicht richtig funktioniert, muss noch einmal installiert werden.

Aufgabe 12

Vielleicht hast du schon von diesem Brauch gehört, der auf uns ganz seltsam wirkt: Der König, der als Herrscher bestimmt war, musste sechs Jahre in einer Höhle, in die kein einziger Sonnenstrahl gelangen durfte, fasten. An dem Tag, an dem er gekrönt wurde, bestäubte man ihn mit Gold, das man zu Pulver zermahlen hatte. Mit einem Floß, das reich geschmückt war, fuhr er auf den See hinaus. Dort, wo er am tiefsten war, warf er das ganze Gold hinein.

Aufgabe 13

Der gefährliche Stoff, der zur Tierjagd verwendet wird, stammt von dem Trieb einer Pflanze, der unter der Erde liegt. Die Jäger finden die Wurzel in einem Landstrich, der Schlamm und fauliges Wasser hat. Für diesen Auftrag, der tödlich ist, suchen sie im Dorf eine Person, die bereits sehr alt oder krank ist. Beim Einkochen, das langsam vor sich geht, strömt Dunst aus, der den „Koch" schließlich vergiftet.

Verzeichnis grammatischer Fachausdrücke

lat.	deutsch	Beispiel
Abstraktum	Begriffswort	Gedanke; Freiheit; Lebewesen
Adjektiv	Eigenschaftswort, Beiwort	schön; grün; klar
Adverb	Umstandswort	heute; oben; sehr; deshalb
Adverbial(e)	Umstandsbestimmung, -angabe; Satzglied	Ich singe **gerne**/**morgens**/**mit Freunden**.
adverbiales Adjektiv	einem Verb beigefügtes Adjektiv	ich singe **schön**
Adverbialsatz	Nebensatz anstelle eines Adverbials; Umstandssatz	Ich singe, **wenn ich Lust habe**.
Akkusativ	4. Fall, Wenfall	Ich sehe **dich, das Haus, den Himmel**.
Akkusativobjekt	Ergänzung im Wenfall (4. Fall), Satzglied	Ich höre **den Wind, das Rauschen des Windes**.
Aktiv	Tätigkeitsform des Verbs	ich tanze; es schneit; es ist kalt
Apposition	Beisatz	Ich, **der größte Fußballer**, verfehle das Tor.
Artikel	Geschlechtswort	**das** Mädchen; **ein** Mädchen
Attribut	Beifügung zu einem Satzglied; Satzgliedteil	Das Haus **meines Onkels** steht da **drüben**.
attributives Adjektiv	einem Nomen beigefügtes Adjektiv	das **schöne** Haus, ein **roter** Hut
Attributsatz	Nebensatz anstelle eines Attributs; Beifügesatz	Das Haus, **in dem mein Onkel wohnt**, ist gelb.
Aufforderungssatz	Hauptsatzart mit Ausrufe-zeichen	Gib mir mein Buch zurück!
Aussagesatz	Hauptsatzart mit Punkt	Ich gebe dir morgen dein Buch zurück.

Fachausdrücke

lat.	deutsch	Beispiel
Bezugswort	Wort, worauf sich ein Attribut bezieht	**Das Haus** meines Onkels steht da drüben.
Dativ	3. Fall, Wemfall	ich danke **dir**, **der Freundin**
Dativobjekt	Ergänzung im Wemfall (3. Fall)	Ich danke **dir**, **euch**, **meinem Goldfisch**.
Deklination	Beugung, Veränderung des Kasus	das Haus, **des** Haus**es**
Demonstrativpronomen	hinweisendes Fürwort	**dieser** Tisch; **jene** Berge
Ersatzprobe	Austausch gleichartiger Satzglieder	**Nachts** sind alle Katzen grau. **In der Nacht** sind alle Katzen grau.
Femininum	weibliches Geschlecht	**die** Frau, **die** Trompete, **die** Liebe
finites Verb	Verbform mit Angabe der Person	ich **komme**, du **kommst**
Flexion	Beugung, Formveränderung eines Wortes	ich tanze, wir **tanzten**; das Haus, **die Häuser**
Fragesatz	Hauptsatzart mit Fragezeichen	Wann gibst du mir mein Buch zurück?
Futur I	erste Zukunft	ich **werde tanzen**
Futur II	zweite (vollendete) Zukunft	ich **werde getanzt haben**
Gegenwart	Zeitstufe	ich tanze; ich singe
Genitiv	2. Fall, Wesfall	das Haus **des Försters**; während **des Sommers**
Genitivobjekt	Ergänzung im Wesfall (2. Fall)	Ich bedarf **deiner Unterstützung**.
Genus	grammatisches Geschlecht	**der** Ball; **die** Pfeife; **das** Spiel
Genus des Verbs	Sehrichtung einer Verbform (Aktiv, Passiv)	ich **lobe**; ich **werde gelobt**
Gleichzeitigkeit	Zeitverhältnis	ich **singe** und (gleichzeitig) **tanze**
Gliedsatz	Nebensatz anstelle eines Satzgliedes	**Nach** der Schule spiele ich Fußball. **Wenn die Schule aus ist**, spiele ich Fußball.

lat.	deutsch	Beispiel
Hauptsatz	selbstständiger Satz	Ich freue mich.
Hilfsverb	Teil einer zusammengesetzten Verbform	ich **werde** tanzen; du **hast** gesungen
Imperativ	Befehlsform des Verbs	Lache! Bewegt euch!
Indefinitpronomen	unbestimmtes Fürwort	**irgendeine** Person; **niemand**
Indikativ	Wirklichkeitsform des Verbs	ich **komme**; wir **lachten**
infinites Verb	Verbform ohne Angabe der Person	singen; singend; gesungen
Infinitiv	Grundform des Verbs	singen; sich freuen
Interrogativpronomen	fragendes Fürwort	**Welche** Farbe hat der Hut? **Wer** ist das?
Kasus	Fall	das Haus, **den** Häuser**n**
kausal	den Grund betreffend	deshalb; **aus** Angst; ich esse, **weil** ich Hunger habe
Kausalsatz	Nebensatz des Grundes	Ich singe, **weil ich mich freue**.
Komparation	Steigerung des Adjektivs	schön, schön**er**, am schön**sten**
Komparativ	erste Steigerungsstufe des Adjektivs	**älter als** du
Kongruenz	Übereinstimmung von Formmerkmalen	**Ich** sing**e** ein schönes Lied. **Wir** sing**en** schöne Lieder.
Konjugation	Beugung des Verbs	ich tanze; du hast gesungen
Konjunktion	Bindewort	ich **und** du; ich tanze, **weil** ich mich freue
Konjunktionalsatz	Nebensatz mit unterordnendem Bindewort	Ich singe, **weil ich mich freue**.
Konjunktiv I	Möglichkeitsform der Gegenwart	man **nehme**; so **sei** es
Konjunktiv II	Möglichkeitsform der Vergangenheit	es **wäre** schön, wenn du hier **sein könntest**
Konkretum	Gegenstandswort	der Ball; der Baum

lat.	deutsch	Beispiel
lokal	den Ort betreffend	oben; **in den** Wald
Lokalsatz	Nebensatz des Ortes	**Wo gelacht wird**, bin ich gerne.
Maskulinum	männliches Geschlecht	**der** Wald; **der** Gedanke; **der** Freund
modal	die Art und Weise betreffend	besonders; **ohne** Verletzung; ich arbeite, **soweit** ich kann
Modalsatz	Nebensatz der Art und Weise	Ich singe, **ohne dass ich Luft hole**.
Modalverb	Verb zur Bezeichnung der Handlungsart	ich **kann** tanzen; du **darfst** schwimmen
Modus	Aussageweise des Verbs	ich **komme**; ich **käme**; **komm**
Nachzeitigkeit	Zeitverhältnis	ich **tanze** und du **wirst** (nachher) **singen**; ich tanze, **bevor** du singst
Nebensatz	abhängiger Satz	Ich frage dich, **wie viel Uhr es ist**.
Neutrum	sächliches Geschlecht	**das** Mädchen; **das** Lied
Nomen (Substantiv)	Namenwort, Dingwort, Hauptwort	Ball; Mädchen; Gefühl
Nominalisierung (Substantivierung)	Verwandlung einer Wortart in ein Nomen (Substantiv)	Ich freue mich **heute**. Ich freue mich über **das Heute**.
Nominativ	1. Fall, Werfall	dieses Haus; ich
Numerus	Anzahl	das Haus, die Häuser; ich, wir
Objekt	Satzglied; notwendige Ergänzung zum Prädikat	ich gebe **dir dein Buch** zurück
Objektsatz	Gliedsatz anstelle eines Objekts	Ich höre **das Rauschen des Windes**. Ich höre, **wie der Wind rauscht**.
Partikel	nicht veränderbares Wort	immer; während; und auch
Partizip I	Mittelwort der Gegenwart	singend; schwebend
Partizip II	Mittelwort der Vergangenheit	gesungen; gewesen
Passiv	Vorgangsform des Verbs	ich **werde gelobt**; ich **bin gelobt**
Perfekt	vollendete Gegenwart	ich **habe gelacht**; ich **bin gewesen**

lat.	deutsch	Beispiel
Personalform	Verbform mit Person und Numerus	Du **baust** eine Marionette.
Personalpronomen	persönliches Fürwort	ich; du; ihr; sie
Plural	Mehrzahl	**die Häuser; wir**
Plusquamperfekt	vollendete Vergangenheit	ich **hatte getanzt**; du **warst** krank **gewesen**
Positiv	Grundstufe des Adjektivs	ich bin **so groß wie** du
Possessivpronomen	besitzanzeigendes Fürwort	**mein** Buch; **seine** Freunde
Prädikat	Satzaussage; finite Verbform	Ich **baue** eine Marionette **zusammen**; die Puppe **ist fertig**.
prädikatives Adjektiv	zum Prädikat gehörendes Adjektiv	Das Haus **ist groß**.
Präposition	Verhältniswort	**vor dem** Haus; **während des** Tages
Präpositionalobjekt	Ergänzung mit Verhältniswort, Satzglied	Die Puppe besteht **aus vielen Einzelteilen**.
Präsens	Gegenwart	ich **lache** (gerade)
Präteritum	Vergangenheit	ich **tanzte** gestern
Pronomen	Fürwort	**dieses** Mädchen; **du**; **wer**?
Reflexivpronomen	rückbezügliches Fürwort	Der Junge beeilt **sich**; die Katze putzt **sich**.
Relativpronomen	bezügliches Fürwort	das Mädchen, **dem** der Ball gehört
Relativsatz	Nebensatz mit einem Bezugswort; Bezugswortsatz	Hunde, **die** bellen, beißen nicht.
Satz	kleinste vollständige Äußerung	Ich tanze.
Satzfrage	Entscheidungsfrage	Kommst du heute zu mir?
Satzgefüge	Verbindung von Haupt- und Nebensatz	Ich freue mich, weil du da bist.

lat.	deutsch	Beispiel
Satzglied	Wort oder mehrere Wörter, die sich im Satz nur gemeinsam verschieben lassen	**In der Nacht** sind **alle Katzen** grau. **Alle Katzen** sind **in der Nacht** grau.
Satzklammer	geschlossene Wortstellung im Hauptsatz	Ich **werde** im Sommer nach Italien **fahren**.
Satzreihe	Verbindung von gleich-artigen Sätzen	Ich freue mich und du freust dich.
Singular	Einzahl	das Haus; ich tanze
Sinnrichtung – temporal – lokal – kausal – modal	Angabe der Umstände – Zeit – Ort und Raum – Grund – Art und Weise	Ich lache – **während des Films** – **im Kino** – **über Dick und Doof** – **ohne Unterbrechung**
Subjekt	Satzgegenstand; Satzglied im Nominativ	**Der Ball** ist rund.
Subjektsatz	Nebensatz anstelle eines Subjekts	**Wer viel lacht**, bleibt gesund.
Substantiv (Nomen)	Namenwort, Dingwort, Hauptwort	Ball; Gefühl; Mädchen
Substantivierung (Nominalisierung)	Verwandlung einer Wortart in ein Substantiv (Nomen) durch Artikel und Groß-schreibung	Ich freue mich heute. Ich freue mich über **das Heute**.
Superlativ	zweite Steigerungsstufe des Adjektivs	das **schönste** Haus; ich bin **am größten**
temporal	die Zeit betreffend	nachts; **in den** Ferien
Temporalsatz	Nebensatz der Zeit	**Als ich heimkam**, freute sich mein Hamster.
Tempus	Zeitform des Verbs	ich **lache**, **lachte**, **habe gelacht**
Umstellprobe	Verschieben von Satz-gliedern	**Nachts** sind **alle Katzen** grau. **Alle Katzen** sind **nachts** grau.

lat.	deutsch	Beispiel
Verb		
- finit	vollständige Verbform; Prädikat	Ich **singe**, du **sangst**, er **hat gesungen**.
- infinit	Verbform ohne Person	singen, gesungen
- intransitiv	Verb ohne Akkusativobjekt	Ich danke **dir**. Ich erwache.
- transitiv	Verb mit Akkusativobjekt	Ich sehe **dich**. Ich sehe, **wie es schneit**.
Vergangenheit	Zeitstufe	ich **tanzte**, **hatte getanzt**
Vorzeitigkeit	Zeitverhältnis	ich **frühstückte**, **nachdem** ich mir (vorher) die Hände gewaschen hatte.
Wahlfrage	doppelte Satzfrage	Kommst du heute **oder** morgen?
Wortfrage	Ergänzungsfrage mit Fragewort	**Wann** kommst du heute zu mir?
Zukunft	Zeitstufe	ich **werde tanzen**, **getanzt haben**

Quellennachweis

Bildquellen:
14 Getty Images (long8614), München; **15** Getty Images (benedek), München; **16** Thinkstock (Val_Iva), München; **18** Thinkstock (Photos.com), München; **37.1** Shutterstock (Inna Astakhova), New York; **38** Adobe Stock (Gundolf Renze), Dublin; **42.1** Adobe Stock (Hummingbird Art), Dublin; **42.1** Adobe Stock (mweber67), Dublin; **42.2** Adobe Stock (Eric Isselée), Dublin; **42.3** Adobe Stock (Eric Isselée), Dublin; **42.4** Shutterstock (Eric Isselee), New York; **42.5** Adobe Stock (Eric Isselée), Dublin; **54** Adobe Stock (pfluegler photo), Dublin; **60** Adobe Stock (Cyril PAPOT), Dublin; **69** Thinkstock (lcs813), München; **71.1** Adobe Stock (pixs:sell), Dublin; **80** Fotolia (M. Schuppich), New York; **86** Shutterstock (Aksenova Natalya), New York; **88** Andreas Florian, Lübeck; **91** Andreas Florian, Lübeck; **95** Fotolia (Anatolii), New York; **98** Adobe Stock (nataba), Dublin; **102** Adobe Stock (Taalvi), Dublin; **106** Adobe Stock (photodeedooo), Dublin; **110** Adobe Stock (Phawat), Dublin; **115** iStockphoto (Zerbor), Calgary, Alberta; **119** Adobe Stock (xiaoliangge), Dublin; **120** Adobe Stock (arykoswara), Dublin; **126** Shutterstock (ampFotoStudio), New York; **127** Adobe Stock (TwilightArtPictures), Dublin; **136** Adobe Stock (Vladimir Voronin), Dublin

Der Verlag hat sich nach bestem Wissen und Gewissen bemüht, alle Inhaber von Urheberrechten an Texten und Abbildungen zu diesem Werk ausfindig zu machen. Sollte das in irgendeinem Fall nicht korrekt geschehen sein, bitten wir um Entschuldigung und bieten an, gegebenenfalls in einer nachfolgenden Auflage einen korrigierten Quellennachweis zu bringen.